佛教的儀軌制度

佛教編譯館◎編著

莊嚴佛社，建立法幢，佛事門中，闕一不可。
豈立法之貴繁，蓋隨機而設教。

佛教的儀軌制度　目錄

一、叢林

林子青

叢林通常指禪宗寺院而言，故亦稱禪林，但後世教、律等各宗寺院也有仿照禪林制度而稱叢林的。中國禪宗從曹溪慧能後，四傳至於懷海，百餘年間禪徒只以道相授受，多岩居穴處，或寄住律宗寺院。到了唐貞元、元和間（七八五——八〇六），禪宗日盛，宗匠常聚徒多人於一處，修禪辦道。江西奉新百丈山懷海以禪衆聚處，尊卑不分，於說法住持，未合規制，於是折衷大小乘經律，創意別立禪居，此卽叢林之始。叢林的意義，舊說是取喻草木之不亂生亂長，表示其中有規矩法度云（「禪林寶訓音義」）。

叢林規模開始不大，到唐末五代之間，南方頗有發展。如洪諲住浙江徑山，道膺住江西雲居山，僧衆多至千數；義存住福州雪峯，冬夏禪徒更不減一千五百人（「宋高僧傳」卷十二）。入宋，叢林建置益臻完備，禪衆亦以集中居住爲常，凡名德住持的叢林，都有千人以上。如宋太祖建隆二年（九六一），延壽自杭州靈隱移住同地永明寺（今淨慈寺），學侶多至二千（「景德傳燈錄」卷二十六）。

北方叢林，亦始盛於宋代。仁宗皇祐元年（一〇四九），內侍李允寧施住宅創興禪席，仁宗給與寺額爲十方淨因禪院。廬山圓通寺懷璉應命爲住持，禪道大弘於汴京。神宗元豐五年（一〇八二），又命京師（今開封）大相國寺，劃立慧林、智海二大禪院，後都成爲京師有名的禪林。至徽宗崇寧二年（一一〇三），宗賾集「禪苑淸規」時，叢林制度已燦然大備。

宋室南渡以後，禪宗名僧輩出，所居叢林，皆極一時之盛。如克勤所住江西雲居山、宗杲所住浙江徑山、正覺所住泗州普照寺及明州天童寺，淸了所住眞州長蘆崇福寺等，其住衆常至千人以上。史彌遠因而請定江南禪寺爲五山十刹（餘杭徑山、杭州靈隱、杭州淨慈、寧波天童、寧波育王等寺爲禪院五山。杭州中天竺、湖州道場、溫州江心、金華雙林、寧波雪竇、臺州國淸、福州雪峯、建康靈谷、蘇州萬壽、蘇州虎丘等寺爲禪院十刹。見「七修類稿」），俾拾級而登，於是叢林制度遂遍行於江南，迄後世不衰。

叢林制度，最初只有方丈、法堂、僧堂和寮舍。以住持爲一衆之主，非高其位則其道不嚴，故尊爲長老，居於方丈。不立佛殿，唯建法堂（後世乃立佛殿）。所集禪衆無論多少，盡入僧堂，依受戒先後臘次安排。行普請法（集體勞動），無論上下，均令參加生產勞動以自給。又置十務（十職），謂之寮舍；每舍任用首領一人，管理多人事務，令各司其局（「景德傳燈錄」卷六「禪門規式」）。

在這以前寺院的首腦爲三綱：卽上座、寺主、維那（或稱都維那），都是領導大衆維持綱紀的職僧。上座以年德俱高，都是朝廷任命。如姚秦、元魏，常有命令補上座。唐道宣亦曾被命爲西明寺上座，其位居寺主、維那之上。寺主知一寺之事。如後周陟岵寺、隋大興善寺等，皆有寺主。維那意爲次第，謂知僧事之次第，或稱爲悅衆；但後世常以悅衆爲維那之副，其職有數人，以大、二、三、四等別之（「百丈清規證義記」卷六）。

至於叢林古規的職事，則有首座、殿主、藏主、莊主、典座、維那、監院、侍者等名目。如黃檗希運在池州南泉寺爲首座、潙布衲爲湖南藥山殿主、雪竇重顯爲南岳福嚴寺藏主、南泉普願於莊上爲莊主、潙山靈祐在江西百丈山爲典座、克賓於河北魏府（今大名縣）興化寺爲維那、玄則在法眼會下爲監院（見元道泰「禪林類聚」第九）、興化存奬爲臨濟義玄侍者等。

後世叢林組織日漸龐大，各寺家風不同，爲住持者多因時制宜，自立職事，名目層出不窮。宋宗賾「禪苑清規」的序文說：「莊嚴佛社，建立法幢，佛事門中，闕一不可。豈立法之貴繁，蓋隨機而設教。」在「禪苑清規」所載叢林職事名目即有二十三種。宗賾還撰了一篇「龜鏡文」（弍咸「禪林備用清規」卷七稱之爲「百丈龜鏡文」），概括地說明設立各種職事的必要。文云：

「叢林之設要之本爲衆僧，是以開示衆僧故有長老，表儀衆僧故有首座，荷負衆僧故有監院，調和衆僧故有維那，供養衆僧故有典座，爲衆僧作務故有直歲，爲衆僧出納故有庫頭，爲衆僧主典翰墨故有書狀，爲衆僧守護聖教故有藏主，爲衆僧迎待故有知客，爲衆僧召請故有侍者，爲衆僧看守衣鉢故有寮主，爲衆僧供侍湯藥故有堂主，爲衆僧洗濯故有浴主，爲衆僧禦寒故有炭頭，爲衆僧乞丐故有街坊化主，爲衆僧執勞故有園頭、磨頭、莊主，爲衆僧滌除故有淨頭，爲衆僧給侍故有淨人。」（「禪苑清規」卷八）

以上制度，自宋以來通行甚久，少有更改。至於今日可行的，則根據元代「敕修百丈清規」更有增益，且分成東西兩序。東序序職（資格）有都監、監院等二十一員，列職（實職）有化主、庫頭等二十六員；西序序職有首座、西堂等十二員，列職有殿主、寮元等二十一員。細分職別可達八十種，可謂繁雜（見清儀潤「百丈清規證義記」）。

叢林職事人員之多寡，各依其規模建制大小而定。方丈爲禪林正寢、住持所居之處，故稱寺主爲方丈，他爲全寺諸堂之頭，故又稱堂頭和尚。至西序的重要職員，則爲首座（卽古之上座）、西堂、後堂、堂主、書記、知藏、藏主、知客、寮元（雲水堂首領）等。東序爲監院（卽古之寺主，俗稱當家）、副寺（卽知庫）、維那、悅衆、侍者、莊主等，是一般叢林所常設的。此外，列職各專一務者，還有飯頭、菜頭、火頭、水頭、碗頭（通稱行堂）、鐘頭、鼓頭、門頭、園頭、浴頭（亦稱知浴）、圊頭（卽淨頭）、塔頭（亦稱塔主）、樹頭（巡視山林、栽補樹木）、柴頭、磨頭、茶頭、炭頭、爐頭、鍋頭、桶頭、燈頭、巡山、夜巡、香燈、司水（禪堂專任）、照客、聽用等。以上各種職事名稱，以等級分，可統稱爲知事人員（一級）、主事人員（二級）和頭事人員（三級）。規模較小的叢林，即以主事兼知事。規模較大的叢林，則有很完備的組職。方丈之下有庫房、客堂、維那寮、衣鉢寮四個機構（通稱四堂口），是爲叢林的基本組織，重要寺務由住持會同首座等班首與四堂口首領共議進行。此外有首座寮以處上座名宿，有侍者寮以處初學新參，有行者寮以處雜務行者和童行，有衆寮（雲水堂）以臨時接待過往禪衲。又有蒙堂以處知事職僧以上退職人員，有單寮以處副寺以下退職人員，有延壽堂以處老病僧人，有莊田以供禪衆從事生產。各堂又各立規約以資遵守（參看本書「清規」條目）。

現今叢林，以其住持傳承的方式不同，又可分爲子孫的與十方的兩類。本來從宋代起，叢林卽有甲乙徒弟院、十方住持院、敕差住持院三種之分。甲乙徒弟院，是由自己所度的弟子輪流住持甲乙而傳者，略稱爲甲乙院。十方住持院系公請諸方名宿住持，略稱爲十方院。敕差住持院，是由朝廷給牒任命住持者，略稱爲給牒院。甲乙院住持是一種師資相承的世襲制，故又稱爲剃度叢林或子孫叢林。十方住持院由官吏監督的選舉，故稱爲十方叢林。後世卽大體沿用其制度，無大變動（現無其第三種）。

另外，十方叢林中依住持繼承制度的不同，還有選賢叢林與傳法叢林之分。有如鎭江金山寺名刹的住持，卽是依法系相傳的，稱爲傳法叢林；寧波天童寺自清末寄禪（敬安）重興後，改爲十方選賢制度，稱爲選賢叢林。一九二四年厦門南普陀寺改子孫叢林爲十方選賢叢林，卽依天童寺選賢方法，訂立「十方常住規約」二十條。並規定選舉法、住持任期及進院退院等手續（「廈門南普陀寺志」）。這種選賢制度是叢林住持史上的一個進步。

關於叢林制度詳見於「百丈清規」和它的注書「百丈清規證義記」等。至於叢林中行事和古德風規，則有道融「叢林盛事」、慧彬「叢林公論」、慧洪「林間錄」、淨善「禪林寶訓」、無慍「山庵雜錄」等可資參考。

二、殿堂

林子青

殿堂是中國佛寺中重要屋宇的總稱。因這些屋宇或稱殿，或稱堂，故統名之爲殿堂。殿是奉安佛菩薩像以供禮拜祈禱的處所，堂是供僧衆說法行道等用的地方。殿堂的名稱卽依所安本尊及其用途而定。安置佛、菩薩像者，有大雄寶殿（一般稱爲大殿）、毗盧殿、藥師殿、三聖殿、彌勒殿、觀音殿、韋馱殿、金剛殿、伽藍殿等。安置遺骨及法寶者，有舍利殿、藏經樓（閣）、轉輪藏殿等。安置祖師像者，有開山堂、祖師堂、影堂、羅漢堂等。供講經集會及修道等之用者，有法堂、禪堂、板堂、學戒堂、懺堂、念佛堂、雲水堂等。其他供日常生活、接待用者，有齋堂（食堂）、客堂、寢堂（方丈）、茶堂（方丈應接室）、延壽堂（養老堂）等。

中國主要殿堂，如佛殿、法堂、毗盧殿、天王殿、方丈室等，一般建於寺院的南北中心線上，其餘齋堂、禪堂、伽藍殿、祖師堂、觀音殿、藥師殿等，則作爲配屋而建於正殿前後的兩側。如宋慧洪「潭州白鹿山靈應禪寺大佛殿記」說：「世尊遺教，弟子因法相逢，則當依法而住。……營建室宇，必先造大殿，以奉安佛菩薩像。使諸來者知歸向故，晝夜行道，令法久住，報佛恩故。」又「信州天寧寺記」說：「入門，層閣相望而起。登普光明殿（佛殿），顧其西則有雲會堂（禪堂），以容四海之來者。爲法寶藏（輪藏殿）以大輪載而旋轉之，以廣攝異根也。顧其東則有香積厨（厨房），以辦伊蒲塞饌。爲職事堂（庫房）以料理出納。特建善法堂（法堂）於中央以演法，開毗耶丈室（方丈）以授道。」（「石門文字禪」卷二十一）從宋代以來殿堂的配置，大抵准此。

古代佛殿中像設如何布置，記載缺乏，難以詳考。只可從現存古刹遺物中見其一斑。如唐大中十一年（八五七），五臺山佛光寺佛殿存有佛像一堂。主像凡五尊，各有脅侍五、六尊。中尊爲釋迦，趺坐在長方形須彌座上。左次主像是彌勒佛，垂雙脚，各踏蓮花一朶。右次主像是阿彌陀佛，趺坐在六角須彌座上，釋迦的左右有迦葉、阿難兩尊者和兩菩薩侍立。更前則有兩供養人跪在蓮花上，手捧果品，作奉獻狀。彌勒和彌陀的脅侍，除以兩菩薩代兩尊者外，其餘均同。極左的主像是普賢，乘象，兩菩薩脅侍。普賢像前有一韋馱及童子像。極右的主像是觀音，乘獅，兩菩薩脅侍（後世配置，都以普賢與文殊對稱。文殊乘獅居左，普賢乘象居右。佛光寺却以普賢居左，而以觀音居右，此或因五臺爲文殊道場，故爾）。佛壇兩極端前角，各有甲冑護法天王，兩像遙立對峙，各持長劍，瞋目怒視（梁思成「記五臺佛光寺的建築」見「文物參考資料」一九五三年第五、六期）。此種配置，爲唐代留存的格式。

入宋，佛教像設始有具體記載。如慧洪「潭州白鹿山靈應禪寺大佛殿記」說：「像設釋迦如來百福千光之相，文殊師利、普賢大菩薩，大迦葉波、慶喜（阿難）尊者，散華天人、護法力士，又環一十八應眞大士，序列以次，莊嚴畢備。」至南宋時，更有明確的記載。如宗鑒「釋門正統」卷三「塔廟志」說：「今殿中設釋迦、文殊、普賢、阿難、迦葉、梵王、金剛者，此土之像也。……蓋若以聲聞人輔，則迦葉居左，阿難居右；若以菩薩人輔，則文殊居左，普賢居右。今四大弟子俱列者，乃見大小乘各有二焉耳。梵王執爐，請轉法輪；金剛揮杵，護衛教法也。」這種一佛四弟子的形式，一直爲後世部分佛殿像設所採用。

但自宋代以來，較大佛殿常供三尊，所謂三佛同殿。此或以彌勒爲中尊，以釋迦、彌陀位於左右，又以無着、天親二菩薩爲彌勒脅侍，如宋杭州金剛寶乘寺及開封殷聖禪院等處皆是。或以釋迦佛爲中尊，以彌陀、彌勒位於左右，又以迦葉、阿難二尊者爲釋迦脅侍，如天臺山國清寺、大慈寺（唐修禪寺）、泗州乾明禪院、開封太平興國寺、五臺山眞容院等處皆是（成尋「參天臺五臺山記」卷一、三、四、五）。又有釋迦、藥師、彌勒爲三尊者，則以藥師代替彌陀坐於左位（東方），如宋契嵩「潭州崇福禪院千佛閣記」說：「閣成，巍然九間。釋迦、彌勒、藥師，則位乎其中，千如來則列於前後左右。」（「鐔津文集」卷十二）

但以彌勒與釋迦、彌陀並列，後來漸有異議，遂以藥師代之。如「釋門正統」卷三說：「或設三佛同殿，右彌勒，天親、無着（脅侍）者，當來補處之像也；左彌陀，觀音、勢至（脅侍）者，淨土之像也。竊嘗論之：若據娑婆化主，只立釋迦之像，輔以文殊、普賢可也。當來下生旣在補處，未有輔佐，豈得與釋迦、彌陀並列而爲三耶？茲豈一佛獨化之道乎？」宋以後，彌勒遂另居於彌勒閣、或彌勒殿（見契嵩「鐔津文集」卷十二「泐潭雙閣銘並序」）。

宋、遼時代佛殿，也有供五佛乃至七佛的。如大同華嚴寺、善化寺及泉州開元寺等宋、遼遺構佛殿，都各供五佛，亦稱五智如來或五方佛。義縣奉國寺大殿則供過去七佛。山西玄中寺千佛閣倒壞後，近由政府撥款修葺，改奉七佛，名七佛閣。此外七佛之像，僅見北京故宮博物院保存的山西興化寺壁畫而已。元代巨刹，多有前後二佛殿，前佛殿塑三世佛，卽燃燈佛（亦稱定光佛）、釋迦佛、彌勒佛；後佛殿則塑五智如來（見元姚燧「牧庵集」卷十「崇恩福元寺碑」）。

明代佛殿，猶多塑三世佛。如徐一夔「靈谷寺碑」說：「其爲制：以佛之當獨尊也，故於正殿，則奉去、現、未來之像，其他侍衞天神不與焉」（「金陵梵刹志」卷三）。明末嘉靖十九年（一五四〇），日僧周良奉使訪問中國，於淮陰興國寺、滄州集善禪寺、北京大慈恩寺、蘇州虎丘寺、吳江華嚴講寺、余姚龍泉寺等佛殿，猶見三世如來之像（牧田諦亮「策彥入明記之研究」上「策彥和尚初渡集」）。

明代以後，伽藍規制已有定式，故像設亦大抵一致。一般叢林佛像設三尊，中爲釋迦，左爲藥師，右爲彌陀。釋迦之左爲迦葉擎拳含笑之像，其右爲阿難合掌隨侍之像，二像或對立或略斜向。藥師、彌陀二佛，已少見脅侍。較小佛殿，僅奉釋迦與二尊者，而置藥師、彌陀於別殿。另外，現今中國著名佛寺大殿，亦有唯供一佛、或一佛二脅侍，或專供一菩薩者。如杭州靈隱寺最近重修大殿時，唯雕塑釋迦一尊。

佛殿兩側，後世多塑十八羅漢之像（左右各九尊）。羅漢的尊數，多依玄奘譯「大阿羅漢難提蜜多羅所說法住記」，本爲賓頭盧跋囉惰闍等十六尊；其後畫像塑像或加慶友（即說「法住記」之難提蜜多羅）與賓頭盧（將賓頭盧跋囉惰闍第一分爲二人），或加迦葉與君屠鉢嘆，或加慶友與貫休（即最初畫十六羅漢者）……藏式造像則加達摩多羅與布袋和尚二尊者，遂成爲十八羅漢。佛壇背後的像設，常見的是觀音手持楊枝水瓶，立於普陀洛伽山海之間（通稱此處爲「海島」），其四圍則塑「華嚴經」善財五十三參中的人物，或「法華經普門品」救八難的景象。

寺院佛殿以外，各殿堂的像設大概如次：

一、天王殿。正面本尊，多安彌勒化身的布袋和尚坐像（北京廣濟寺則奉天冠彌勒菩薩坐像），左右分塑四大天王。彌勒背後設手執寶杵現天將軍身的韋馱天像。布袋和尚爲五代僧，名契此（？——九一六）。體軀肥滿，言語無恒，常以杖負布袋入市行乞，面現喜悅之相，人呼爲布袋和尚。後梁貞明二年（九一六），寂於浙江奉化岳林寺東廊磐石上。臨終遺偈，自稱爲彌勒化身；後人遂多塑之於山門（「宋高僧傳」卷二十一）。

四天王爲印度十六善神之屬，其名常見於大小乘經論。最知名者爲毗沙門天，義爲多聞，乃印度北方守護神，與持國、增長、廣目共稱四天王（「金光明經」卷二「四天王品」，卽以毗沙門居首）。毗沙門天王造像早已見於雲崗、龍門等石窟。唐天寶元年（七四二）西域五國來侵安西，傳說天王曾現身却敵，玄宗遂命於各州府城上西北隅均置此天王像。其後又命佛寺別院安置（「僧史略」下）。如唐長安大興善寺之天王閣、江蘇崑山慧聚寺等處之天王堂，卽是供毗沙門之別院。

四天王的形像，古今略有不同。據唐譯「陀羅尼集經」卷一說：

一、「四天王像法」：四天王均着種種天衣，嚴飾精妙。東方天王提頭賴吒，左手把刀，右手執矟（卽長矛）拄地。西方天王毗嚕博叉，左手執矟，右手把赤索。北方天王毗沙門，左手執矟拄地，右手擎塔。又依「長阿含經」第十二「大會經」及「法華文句」等說：四大天王各領二鬼神，持國天王領乾闥婆與富單那，增長天王領鳩槃茶與薜荔多，廣目天王領龍與毗舍闍，多聞天王領夜叉與羅刹，故四天王像的脚下各踏二鬼神以示威武。到了元代塑像，東方天王持物換了琵琶；明代北方天王持物換了寶傘；清代西方天王持物換了蛇類，遂成今日一般常見的四大天王的形相。元沙羅巴譯「藥師琉璃光王七佛本願功德經念誦儀軌供養法」，以四偈說明四大天王的身色持物及守護國土：「東方持國大天王，其身白色持琵琶」，「南方增長大天王，其身青色執寶劍」，「西方廣目大天王，其身紅色執羂索」，「北方多聞大天王，其身黃色執寶幢」，現在四天王的塑像，大體據此記載爲之。

韋馱天爲南天王部下八將之一，在四天三十二將中以武勇著稱。唐道宣在「感通錄」裏寫了他常於東、西、南三洲巡遊，守護佛法，故稱「三洲感應」；又現天將軍身，守護伽藍等故事傳出後，遂漸漸形成，凡建寺必奉之爲守護神，世稱韋馱菩薩。其像形式有二：一合十指掌，橫寶杵於兩腕，兩足平立。一以左手握杵拄地，右手插腰，左足略向前立。面向佛殿，注視出入行人。

二、金剛殿。明代佛寺在山門之內有金剛殿，塑二密迹金剛力士像，稱爲二王（後來卽塑於山門內，不另設殿）。此二力士執金剛杵分立左右，守護佛刹。其緣起見於「大寶積經」卷八「密迹金剛力士會」，經謂勇郡王二太子各言所志，法意太子要誓，諸人成得佛時，當作金剛力士，常親近佛，普聞一切諸佛秘要密迹之事。法念太子誓言，諸仁成佛道，身常勸助，使轉法輪。法意太子，卽今金剛力士名密迹者是。法念太子者，卽今爲梵天者是。「金光明經文句」知禮記謂，據經金剛力士唯一人，今狀於伽藍之門而爲二像者，乃應變無方，多亦無咎。古代雲崗、龍門、麥積山石窟，都有金剛力士雕像，只是一尊。唯隋代河北安陽寶山大住聖窟入口兩壁，刻有那羅衍神王（有大力神）與迦毗羅神王二像，左像執槊，右像持杵，與佛所說於門兩頰畫面執杖藥叉相符（「大日經疏」卷一，夜叉亦譯爲密迹，爲毗沙門天屬下）。此二像爲中國現存最古的門像（常盤大定「寶山之石窟」，見「支那佛教史蹟踏查記」）。現今寺門左右的金剛力士像，都是面貌雄偉，作忿怒相，頭戴寶冠，上半身裸體，右手執金剛杵，左手扼腕，兩脚張開，故身體四肢均呈緊張之狀。其不同者，只左像怒顏張口，以金剛杵作打物之勢；右像忿顏閉口，平托金剛杵，怒目睜視而已。

三、法堂，亦稱講堂，乃演說佛法皈戒集會之處，在佛寺中爲僅次於佛殿的主要建築，一般位於佛殿之後。法堂之建，始於晉道安、曇翼於上明東寺所造（「六學僧傳・隋羅雲傳」）。唐百丈創制「清規」，不立佛殿，唯樹法堂，則尤加重視。法堂之內應有佛像、法座、罘罳法被或板屏及鐘鼓等。「釋氏要覽」下「佛堂置佛像」項下引「大法炬陀羅尼經」云：「法師說法時，有羅刹女常來惑亂。是故說法處常須置如來像，香花供養，勿令斷絕。」法座亦稱獅子座，於堂中設立高臺，中置坐椅，名曲盝床（略稱曲盝）。法座之後設罘罳法被（今多設板屏），或掛獅子圖以象徵佛之說法。曲盝之前置講臺，供小佛坐像，下設香案，供置香花。兩側列置聽席等。左鐘右鼓，上堂說法時鳴之。

四、禪堂。古稱僧堂或雲堂，與佛殿、法堂同爲禪宗叢林的主要堂宇，禪僧晝夜於此行道。百丈立制，裒所學衆，無論多少高下，盡入僧堂之中，依夏次（受戒前後）安排。設長連床（今稱廣單），施椸架以掛道具。堂中設一圓龕，正中安奉聖僧像。聖僧之像不定，或以憍陳如、賓頭盧爲聖僧，或以文殊師利及大迦葉爲聖僧。「梵網經」法藏疏云「聞西國諸小乘寺以賓頭盧爲上座，諸大乘寺以文殊師利爲上座」，卽其出處。古時僧堂本兼食堂（今禪林「放參」晚飯卽就堂而食，猶其遺風），多安賓頭盧尊者於其中，此事亦始於晉時道安。道安常注經論，疑不合理，夢梵僧賓頭盧勸其設食，願爲相助弘通。於是立座飯之，處處成則。但先此只施空座，前置碗盞，不安聖像。至劉宋泰始末（四七一），正勝寺僧法願、正喜寺僧法鏡等，始圖其形（「寂照堂谷響集」第三）。唐大曆四年（七六九）不空三藏奏請令天下寺院食堂中，於賓頭盧之上，特置文殊師利形像以爲上座（不空「表制集」卷二）。故唐時食堂卽僧堂，是安文殊師利和賓頭盧爲聖僧的。後世於禪堂外另設齋堂（食堂），而聖僧仍留於僧堂，或僧堂改設毗盧佛像，將賓頭盧設於齋堂，香燈以奉香火。明徐一夔「靈谷寺碑」：「以禪與食，不可混於一也，故食堂附並設於庫院。」（「金陵梵刹志」卷三）。於是食堂在東，禪堂在西，遂爲叢林定式。

五、毗盧閣。這是明代佛寺常建的殿堂。其上下層像設略有不同。明姚廣孝「天界寺毗盧閣碑」：「閣成，上供法、報、化三佛及設萬佛之像。左右庋以大藏，諸經法匭。後建觀音大士，示十普門。下奉毗盧遮那如來，中坐千葉摩尼寶蓮花座，一一葉上有一如來，周匝圍繞。旁列十八應眞羅漢，十二威德諸天。珠纓寶幢，幡蓋帷帳，香燈瓜花之供，靡不畢備。」（「金陵梵剎志」卷十六）。由於閣上設有萬佛之像及庋置大藏，亦被稱爲萬佛樓及藏經閣。

六、轉輪藏殿（略稱輪藏殿），創始於梁代傅翕（善慧大士）。「釋門正統」卷三「塔廟志」說：「諸方梵剎立藏殿者，初梁朝善慧大士傅翕愍諸世人，雖於佛道頗知信向，然於贖命法寶，或有男女生來不識字者，或識字而爲他緣逼迫不暇披閱者。大士爲是之故，特設方便，創成轉輪之藏，令信心者推之一匝，則與看讀同功。……諸處俱奉大士寶像於藏殿前，首頂道冠，肩披釋服，足躡儒履，謂之和會三家。又列八大神將，運轉其輪，謂天龍八部。」唐時輪藏的構造，於輪藏上又安佛龕彩畫懸鏡，並環藏敷座，形制更爲精美。白居易「蘇州南禪院千佛堂轉經藏石記」：「堂之中，上蓋下藏。蓋之間：輪九層，佛千龕，彩畫金碧以爲飾，環蓋懸鏡六十有二。藏八面，面二門，丹漆銅鍇以爲固。環藏敷座六十有四。藏之內轉以輪，止以柅。經函二百五十有六，經卷五千五十有八。」（「全唐文」卷六百七十六）

七、伽藍殿，八、祖師堂。常分建於佛殿或法堂兩側。伽藍殿供守護伽藍土地之神像，古時又稱土地堂，位於佛殿之東。據「七佛經」卷四云：護伽藍神有美音、梵音、天鼓等十八神。今一般多供最初施造祇園精舍的給孤獨長者、祇陀太子及其父波斯匿王三像。祖師堂位於佛殿之西，多奉達摩或當寺開山祖師。宋白雲守端說：「天下叢林之興，大智禪師（百丈懷海）力也。祖堂當設達摩初祖之像於其中，大智禪師像西向，開山尊宿像東向，得其宜也。不當止設開山尊宿，而略其祖宗耳。」（「林間錄」卷二）但今一般佛寺祖堂，以達摩、慧能爲禪道之祖，馬祖建叢林，百丈立清規，多塑達摩（中）、慧能或馬祖（左）、百丈（右）三像並坐。

九、浴室，安置跋陀婆羅（善守）之像，蓋本「楞嚴經」水因圓通之說。「首楞嚴經」卷五：「跋陀婆羅白佛言：我等先於威音王佛聞法出家。於浴僧時，隨例入室，忽悟水因，既不洗塵，亦不洗體，中間安然，得無所有，宿習無忘；乃至今時從佛出家，令得無學。彼佛名我跋陀婆羅，妙觸宣明，成佛子住。佛問圓通，如我所證，觸因爲上。」今佛寺浴室，又名「宣明」，卽依此說。又據「羅漢圖讚集」所引清乾隆考證，此跋陀婆羅卽「法住記」十六羅漢中之第六跋陀羅云。

十、香積厨，安置菩薩像，傳爲洪山大聖，乃爲佛寺監護僧食者。自元代以後，則多奉大乘緊那羅王菩薩之像。相傳元末，紅巾首領率衆至少林寺，衆僧惶懼欲散。忽一火頭老僧自庖中出曰：汝等勿憂，老僧一棒驅之。衆笑其妄。老僧運三尺棍，徑入紅巾隊中，遭者辟易，遂散去。世傳乃緊那羅王顯化。後天下佛寺齋厨多塑畫其像，祈其監護；今少林寺之緊那羅王殿卽其遺蹟（「少林寺志」）。

寺院殿堂布置除佛像之外，還有比較固定的各種莊嚴和供具。主要的莊嚴爲寶蓋、幢、幡、歡門等。「洛陽伽藍記」記建中寺的佛殿講堂，有「金華寶蓋，遍滿其中」的記載，可知中國佛殿之莊嚴，由來已久。

寶蓋，又稱天蓋。本尊佛像有寶蓋，經稱華蓋。佛行卽行，佛住卽住。今有以木材、金屬或絲織之類，製成華蓋之形，垂於佛像之上；也有不用此蓋的。

幢，又稱寶幢，爲佛、菩薩的莊嚴標幟。一般以絹、布等製成。幢身周圍，置八個或十個間隔，下附四個垂帛，或綉佛像，或加彩畫。「觀無量壽經」有：於其臺上，自然有四柱寶幢，故今每一佛前多置四幢，或繞寶蓋而懸。

幡，又稱勝幡，也是象徵佛的莊嚴。凡結壇場，必以幡嚴飾，布列四周，所謂「幡壇不相離」。幡有多種顏色和製法，以平絹製者曰平幡，束絲製者爲絲幡，以金屬玉石聯結製者曰玉幡。凡造幡之法，不得安佛、菩薩像，但得書寫經文。今多書佛號或經偈，懸於佛前。

歡門，是懸於佛前的大縵帳，其上以彩絲綉成飛天、蓮花、瑞獸、珍禽之屬。兩側垂幡，稱爲幡門。門前懸供佛琉璃燈一盞。

殿堂供具多少，視堂構的大小及法事所需而定。「陀羅尼集經」云：當設二十一種供奉之具，若不能供二十一種，五種亦得。一者香水，二者雜花，三者燒香，四者飲食，五者燃燈。今佛前所設香爐、花瓶、燭臺，所謂「三具足」，卽由此簡化而來。小燭臺之外，又有長檠，高五尺至八尺，上安木盞，以燃臘燭。檠身多施雕刻彩畫，今禪林佛殿、法堂佛前多用之。

又佛像前設有香几供臺（大桌），其形或長或方不一。長的香几，以安置三具足之屬，而供臺則以奉五供（卽塗香、花鬘、燒香、飮食、燈明）之用，以絲綉桌圍圍其四面。供臺之前，置香几，几上放小香盤。香盤以紫檀木爲之，上置一香爐二香盒，分盛檀香、末香。盤前掛一紅幃，綉蓮花瑞禽之屬。凡住持尊宿入殿誦經及上堂說法，多由侍者端香盤先導，至佛前置於香几，尊宿卽就其前禮佛拈香。

三、傳　戒

林子青

傳戒是設立法壇，爲出家的僧尼或在家的教徒傳授戒法的一種宗教儀式，亦稱開戒或放戒。就求戒的人說是受戒、納戒或進戒。佛教大、小乘的戒法有：五戒、八戒、十戒、具足戒和菩薩戒五種。比丘、比丘尼戒，必須具足一切條件——即一定僧數（中國十人、邊地五人）、一定範圍（結界立標）、一定程序（白四羯磨，即會議式），才能授受，故稱爲受具足戒，略稱受具。

佛教初入中國時，並無傳戒儀式。據佛教史籍記載，當時度人出家，只爲剃髮披服縵條，即無條相袈裟（見「釋氏要覽」上），以不滿五人，不能受具。大概只用三皈、五戒、十戒迭相傳授而已。到了曹魏嘉平二年（二五〇）時，曇摩（柯）迦羅（「高僧傳」卷一譯云法時）來到洛陽，見衆僧未秉戒法，乃就白馬寺譯出「僧祇戒心」（戒本）以備用。並請梵僧立羯磨法受戒。這是中國依律傳戒之始。魏正元中（二五四——二五五）安息國沙門曇帝在洛陽譯出「曇無德羯磨」，才具備羯磨儀式。中國僧徒之受具足戒，一般傳說以朱士行爲首（「僧史略」上），或即在此時。

東晉時（三一七——四二〇），出家僧尼漸多，道安始提倡嚴肅戒律。他以爲佛法東流未久，譯人對於受戒之法考校者少，先人所傳相承自以爲是，至佛圖澄乃多所改正（見道安「比丘大戒序」）。道安時值喪亂，轉徙四方，常率弟子數百人，往來襄陽長安等地。他所制定的僧尼軌範有布薩（說戒）、悔過等法，可見其重視戒律弘傳之一斑。

中國尼衆之受具足戒實始晉代。晉穆帝升平元年（三五七），僧建請曇摩竭多於洛陽，依「僧祇尼羯磨」及「戒本」建立戒壇傳戒。當時沙門道場以「戒因緣經」爲難，認爲他傳戒結界不合法。曇摩竭多遂浮舟於泗河結壇，洛陽竹林寺淨檢尼等四人同於此壇從大僧受具足戒，這是中國尼衆受戒之始，稱爲船上受戒（寶唱「比丘尼傳」卷一）。

其後劉宋元嘉六年（四二九），有獅子國（今斯里蘭卡）比丘尼八人至宋京（今南京）。當時景福寺尼慧果、淨音等以先所受戒不如法，戒品不全；適罽賓沙門求那跋摩經南海至宋，於南林寺建立戒壇，因請求重受。求那跋摩引證佛姨母波闍波提最初爲尼因緣，謂戒本本從大僧而發，雖無僧尼二衆，無妨比丘尼的得戒。又以當時獅子國八尼年臘未登，不滿十人，且令學宋語；求那跋摩另托西域船主難提於元嘉十年（四三三）復載獅子國比丘尼鐵薩羅等十一人至，而先來諸尼已通達宋語；但這時求那跋摩已經去世，恰巧同年僧伽跋摩到達宋京，慧果尼等始在二衆俱備的形式下，於元嘉十一年（四三四）在南林寺戒壇，重受具足戒。這時次第受尼戒者達三百餘人（「比丘尼傳」卷二、三）。世傳漢代婦女阿潘出家但受三皈，晉時淨檢尼只在一衆邊得戒，都未爲全戒；故中國尼衆於二衆邊受具足戒的，以慧果、淨音等爲始（「僧史略」上）。

五世紀初，「十誦律」（四〇四譯）、「四分律」（四一〇譯）、「僧祇律」（四一六譯）、「五分律」（四二三譯）諸律部次第譯出，中國戒律典籍遂大體完備。最初盛行者爲薩婆多部（即說一切有部）之「十誦律」。其次「僧祇律」、「五分律」次第流行，隋、唐時代，「四分律」始廣行於世。

南朝宋、齊時代（四二〇——五〇一），律學巨匠志道、法穎等，皆盛弘「十誦」。志道（四一二——四八四）住鐘山（南京）靈曜寺，特長律品。北方先時（四四六）魏太武滅法，後雖復興，而戒授多闕。志道乃携同契十有餘人至河南虎牢（今汜水縣北），於引水寺集合洛、秦、雍、淮、豫五州僧衆，講律明戒，更申受法。北魏僧戒獲全，實得其力（「高僧傳」卷十一）。法穎（四一六——四八二）敦煌人，精研律部，元嘉末（四五三）至宋都居新亭寺，受命爲都邑僧正；齊時復爲僧主。他於宋、齊二代在金陵盛弘「十誦」，被推爲七衆宗師。著有「十誦羯磨」並「尼戒本」等（「高僧傳」卷十一）。其門下出智稱和僧祐，都是後來知名律師。

梁、陳二代，受菩薩戒風氣盛行。梁武帝、陳文帝等均稱菩薩戒弟子。菩薩戒之弘傳始於羅什。敦煌寫本中有題羅什撰「受菩薩戒儀軌」一卷。至於受戒的作法則以曇無讖（三八五——四三三）在姑臧（今甘肅武威）爲道進等十餘人受菩薩戒爲嚆矢。梁武帝以戒典東流，人各應受，但所見偏執，妙法猶漏。乃撥采羣經，更造圓式戒壇，並詔慧超授菩薩戒。天監十八年（五一九）四月八日，自發弘誓，暫屏袞服，受福田衣（袈裟）於等覺殿從慧約受菩薩戒，太子公卿道俗男女從受者四萬八千人（「續高僧傳」卷六「慧超及慧約傳」）；一說武帝將受菩薩戒，命僧正推選戒師。僧正略舉法深、慧約、智藏三人，武帝意在智藏，遂從他受菩薩戒（「續高僧傳」卷五「智藏傳」）。後至隋代，文帝楊堅從曇延受菩薩戒，煬帝楊廣從智顗受菩薩戒，均稱菩薩戒弟子（「廣弘明集」卷二十二）。

北方在元魏時，多行「十誦」及「僧祇」。魏法聰本學「僧祇」，後依曇無德羯磨得戒，始弘「四分律」；然是口傳，未載簡牘。門人道覆繼之，始制「疏」六卷（「僧史略」上）。北齊時代，慧光始弘「四分律」。他在北齊任天下僧統，世稱光統律師，著有「四分律疏」並刪定「羯磨戒本」，盛行傳戒（「續高僧傳」卷二十一）。慧光弟子有法上、道凭、僧達、曇隱、道雲、道暉等十人。為魏、齊二代僧統四十年，常為衆僧授戒（「續高僧傳」卷八）。北周沙門慧遠，依法上僧統受具，光統律師十大弟子並為證戒，時以為榮（「續高僧傳」卷八）。

晉、宋以來，南方所立戒壇很多。東晉法汰先於楊都（今南京）瓦官寺立壇，支道林於石城、沃州（今浙江新昌縣境）各立一壇。支法存於若耶（今浙江紹興）謝傅隱處立壇。竺道一於洞庭山（今江蘇吳縣太湖）立壇。竺道生於吳中虎丘立壇。宋智嚴於上定林寺（在今南京）立壇。慧觀於石梁寺（在天臺山）立壇。求那跋摩於南林寺立壇。齊僧傳於蕪湖立壇。又有三吳戒壇（似與法獻有關）。梁法超於南澗（在今南京）立壇。僧祐於上雲居、棲霞、歸善、愛敬四寺（俱在今南京）立壇。到唐初爲止，自渝州（今重慶）以下至江淮（江蘇、安徽）之間，通計戒壇有三百餘所（道宣「關中戒壇圖經」）。這些戒壇形制如何已不可考。至唐乾封二年（六六七）道宣於長安淨業寺建立戒壇，始有定式。其制凡三層，下層縱廣二丈九尺八寸，中層縱廣二丈三尺，上層畟方七尺。其高度下層三尺，中層四尺五寸，上層二寸，總高七尺七寸；四圍上下有獅子神王等雕飾（「戒壇圖經」）。

戒場本無建築屋舍之必要，只要隨處有結界標示即成。道宣「四分律行事鈔」卷上之二云：「外國戒壇多在露地，如世祭壇郊祀之所。」但爲妨風雨起見，古來大抵是堂內受戒與露地結界受戒並行的。道宣以後，戒壇的建立遍於全國。如廣州光孝寺、嵩山少林寺（義淨重建）、長安實際寺、嵩山會善寺（一行建）、洛陽廣福寺（金剛智建）、羅浮山延祥寺、廬山東林寺、長安大興善寺、洪州龍興寺、撫州寶應寺、交城石壁寺、魏州開元寺、五臺山竹林寺，泉州開元寺、吳郡開元寺等都有戒壇。戒壇名稱亦有種種不同：嵩山會善寺的名五佛正思惟戒壇（「金石萃編」卷四十九）、洛陽廣福寺的名一切有部石戒壇（「不空三藏表制集」卷三）、交城石壁禪寺的名甘露義戒壇（「金石續篇」卷九）、建安乾元寺的名兜率戒壇（「宋高僧傳」卷十二「大安傳」）。

唐代宗永泰元年（七六五），命長安大興善寺建方等戒壇，所需一切官供。又命京城僧尼各置臨壇大德僧人，永爲常式。臨壇大德之設始此（「僧史略」下，此十臨壇大德，卽後世受戒時之三師七證）。其後會昌、大中年間（八四一——八五九）臨壇大德見於僧傳者有長安聖壽寺慧靈及福壽寺玄暢等。當時還有內臨壇（宮中戒壇）外臨壇（一般寺內戒壇）大德及內外臨壇大德之稱。玄暢卽當時有名的內外臨壇大德（「宋高僧傳」卷十六、十七）。

宣宗大中二年（八四八）、懿宗咸通三年（八六二）又各命建方等戒壇。此與聲聞小乘教法有異。求戒者不拘根缺緣差，並皆得受；但令發大心領綱而已。此以稟順方等之文而立戒壇，故名方等戒壇。宣宗又以會昌法難時，僧尼被迫還俗者達二十六萬零五百人，在俗期間不免犯過，現欲再受出家，必先懺衆罪，後增戒品，若非方等，豈容重入？取其能周遍包容，故稱方等戒壇（「僧史略」下）。大中二年命上都、東都、荆、楊、汴、益等州建寺立方等戒壇，卽爲僧尼再度者重受戒法（「佛祖統紀」卷四十二）。到了大中十年（八五六），又命僧尼受戒給牒。這是中國僧尼受戒給牒之始（「釋氏稽古略」卷三）。

宋太平興國三年（九七八）永智於杭州昭慶寺立萬壽戒壇，後允堪重建，爲江南著名戒壇（兪樾「杭州昭慶寺重建戒壇記」）。允堪自慶曆、皇祐（一〇四一——一〇五三）

以來，還於蘇州開元寺、秀州（今嘉興）精嚴寺建造戒壇傳戒（「稽古略」卷四）。眞宗大中祥符二年（一〇〇九），命昇州（今南京）崇勝寺建壇，名承天甘露戒壇。翌年又在京師（開封）太平興國寺立奉先甘露戒壇。天下諸路皆立戒壇，凡七十二所。京師慈孝寺，別立大乘戒壇。使先於諸方受聲聞具足戒（比丘戒），後至此地增受菩薩戒（「佛祖統紀」卷四十四）。此爲後世三壇次第傳戒的開端。

明代中葉，封閉戒壇，受戒軌則遂遭廢弛（「百丈清規證義記」卷七）。至萬曆間，如馨於南京靈谷寺，重興南山，開壇傳戒，三昧寂光繼之，重立規制，開律宗道場於南京寶華山。弟子見月讀體參照古規，撰輯「傳戒正範」、「毗尼止持會集」，遂爲近代傳戒的典則。同時三峯法藏撰有「弘戒法儀」一卷，盛傳戒法於江南；清初終南山超遠加以補充，成「傳授三壇弘戒法儀」一書。見月弟子書玉弘律於杭州昭慶寺，撰「二部僧授戒儀式」及「羯磨儀式」，有了這些著作，傳戒的體制乃漸備。又清初廣東弘贊，著有「比丘受戒錄」和「比丘尼受戒錄」；樂山老人著有「增刪毗尼戒科」、智旭著有「重治毗尼事義集要」等書，俱行於世，爲各地傳戒時所依用。到了清末，湘僧長松以各地傳戒遵守戒科不一，謂「遵三峯者不少，亦因樂山頗多，集吳越間專遵華山更廣矣」（「戒科刪補集要敍」）。因依毗尼刪補合輯「弘戒法儀」、「增補毗尼戒科」、「傳戒正範」諸本，成「戒科刪補集要」，盛行於湘鄂之間（葦舫「中國戒律宏傳概論」，見「海潮音」第十五卷第七號）。

古代傳戒唯屬律宗寺院之事，近世禪寺教寺亦相率開壇傳戒。有些不定期傳戒的寺院，常於數月前分寄「報單」，實貼各寺山門，使遠近周知。

一般傳戒之法都是連受三壇。凡新戒入寺求戒須交一定戒金，以充戒堂燈燭香花、戒牒、同戒錄等費用。登記後男女新戒分別編入戒堂。以三人爲一組（叫做「一壇」），次第編號，登壇受比丘戒時，卽依此序而行；初壇沙彌戒和三壇菩薩戒，皆另集體授受。每傳一壇戒法，事先都要經過隆重演習，稱爲演儀，然後正式傳戒。據「傳戒正範」所載：初壇授沙彌戒前請戒懺悔儀，有淨堂集衆法、通啓二師法、請戒開導法、驗衣鉢法、露罪懺悔法、呈罪稱量法等。二壇授比丘戒前請戒懺悔儀，有明習儀法、請戒開導法、通白二師法、教衣鉢法、審戒懺悔法等。三壇授菩薩戒前請戒懺悔法，有通白二師法、請戒開導法、開示苦行法等。

初壇傳戒儀式，於法堂或其他適當場所舉行。至時鳴鐘集衆，待新戒齊集法堂，引禮作白敎新戒請師開示。傳戒和尚卽爲開導受十戒意義，並行三歸羯磨。次爲說沙彌十戒戒相（沙彌尼同），一一問以盡形壽能持否？衆答「依教奉行」，初壇告畢。

二壇傳戒儀式，在戒壇舉行。卽爲比丘、比丘尼授具足戒。受戒之時，鳴鐘集新戒於法堂，迎請戒師入戒壇。十師入壇拈香禮佛畢，繞登壇上就座。傳戒和尚依律命羯磨師作單白羯磨，差教授師下壇與諸沙彌詢問遮難。教授師對新戒先說衣鉢名相，隨問「今此衣鉢是汝自己有否」？新戒答「有」，卽向師白受衣法，再口誦偈咒，身著袈裟。然後教授師次第詢問十三重難，及十六輕遮；新戒必須一一肯定回答。這是在受戒前實施審查受具者是否犯有衆罪以決定允許加入僧團的遺制。這時問的遮難，在戒律程序上爲預審，壇上正式受戒時，據此一一重問。

問畢，傳戒和尚卽開導明授戒體法。次依白四羯磨（三讀表決法）儀式，爲諸沙彌授比丘戒。受具足戒已，傳戒和尚又擧四重禁卽淫、殺、盜、妄四重戒或四不應作事，說明任犯一禁卽失去比丘資格。比丘本（依用四分律）有二百五十條戒相，比丘尼有三百四十八條戒相，俱以四重戒爲根本，故戒壇上只宣四重戒，其餘枝葉戒相，命受具者下壇後學習。

三壇傳戒儀式，一般多就佛殿擧行（若新戒多，丹墀中亦可）。正中敷一高座，供本師釋迦牟尼佛位，左上高座供尊證師十方諸佛，羯磨師文殊菩薩，教授師彌勒菩薩及同學等侶十方菩薩位。右上高座候所請菩薩戒法師。受戒之日，鳴鐘集新戒於佛殿，請師入壇儀式與二壇略同。以前一般在受菩薩戒之前，和尚爲已受比丘、比丘尼戒者開示苦行之後，卽令每人燃香於頂，或九炷（菩薩優婆塞、優婆夷）、或三炷（菩薩沙彌）、或十二炷（菩薩比丘），謂之燒香疤。燃香於頂之起源，相傳始於元世祖至元二十五年（一二八八），釋志德主天禧寺，每與七衆授戒，燃香於頂，指爲終身誓。此爲中國漢族佛徒燒香疤之始（見談玄「中國和尚受戒燒香疤考證」）。但燃頂之法爲羯磨所無。

大衆齊集，菩薩戒師卽開導三聚淨戒，卽菩薩戒法：攝律儀戒、攝善法戒、饒益有情戒。次起座拈香作梵，二阿闍黎同音，教受戒者奉請釋迦如來爲得戒和尚，文殊師利菩薩爲羯磨阿闍黎，彌勒菩薩爲教授阿闍黎，十方一切如來爲尊證。繼之教以懺悔三世罪業及發十四大願。最後依「梵網經」宣說菩薩十重四十八輕（若授在家菩薩，六重二十八輕）戒相，授受問答方式與受比丘戒時略同。儀式完畢，戒師作禮下座，新戒歸堂，三壇完畢。

戒期完畢，由傳戒寺院發給「戒牒」及「同戒錄」。從前宋代僧尼出家時領取度牒（出家僧籍證明書），受戒時領取戒牒（受戒證明書，具有法律效力），都由政府頒發。傳戒寺院只發一種「六念」。受戒時須呈驗度牒，才能受戒（「慶元條法事類」卷五十道釋令）。

到了明洪武永樂間（一三六八——一四二四）三次下令，許僧俗受戒之人，抄白牒文隨身執照，凡遇關津把隘之處，驗實放行（見明如馨「經律戒相菩薩軌儀」）。戒牒的作用遂成爲僧尼旅行的護照。清初廢止度牒，僧尼出家漫無限制，各地亦傳戒頻繁，而戒牒改由傳戒寺院發給，其內容和形式遂極不一致了。

編輯附言：依諸佛制，受戒應該要如法從律宗的律師求受，否則無法得戒。然其律師，今在何處？以目前中國寺院所謂之傳戒，是否依諸律制，如法授受呢？願諸持律大德，深思研究，嚴淨毘尼，以發揚佛教律宗之威嚴。古德有言曰：「寧可自己下地獄，不將佛法作人情。」此語正是指目前四衆佛子而言乎？

四、度牒

田光烈

度牒是國家對於依法得到公度爲僧尼的所發給的證明文件（度是說度之入道）。度牒在唐代也稱爲祠部牒，都是綾素錦素鈿軸（北宋用紙，南宋改用絹，見「宋會要輯稿」第六十七册「職官十三」），就是品官所用的綸誥（其實物在日本還保存有最澄入唐所得的一軸，那上面詳載僧尼的本籍、俗名、年齡、所屬寺院、師名以及官署關係者的連署）。僧尼持此度牒，不但有了明確的身份，可以得到政府的保障，同時還可以免除地稅徭役。

宋贊寧據「唐續會要」載（會昌）六年（八四六）五月制：「僧尼依前令兩街功德收管，不要更隸主客，所度僧尼仍令祠部給牒。」贊寧因「續會要」上文有天寶二年事，遂認六年爲天寶六年，而謂度僧給牒即從那時開始（「僧史略」卷中「管屬僧尼」條）這是錯誤的。武后延載元年（六九四）僧尼即隸祠部，故祠部給牒也不見得如「僧史略」所載是從天寶六年開始。度牒的發給與登記僧尼名籍有關，南北朝既已有僧籍，度牒也可能開始於唐代以前。不過它的發給究始於何年，現在還沒有定論。

自從北魏北周兩次摧毀佛教之後，直至唐初，全國僧尼還只有十萬左右（「廣弘明集」卷十二），顯慶六年（六六一）高宗於天官寺度僧二十人（「舊唐書」卷四「高宗本記」）。其後年有增加，中宗時尤甚：那時造寺費財數百億，度人，免租庸者數十萬（「舊唐書」卷一百零一「辛替否傳」），並且公主外戚都請度人爲僧尼，也有私出財造寺者，富戶強丁都設法避役，幾乎到處皆是（「舊唐書」卷九十六「姚崇傳」）。當時僧尼之冒濫，可想而知。玄宗卽位，姚崇秉政，因僧惠範附太平公主亂政，卽謀沙汰僧尼（「舊唐書」卷三十七「五行志」），雖未能徹底施行，而唐王朝對於度僧事宜，已開始重視。天寶重申祠部給牒之令，也還有限制出家人數和遴選出家人才之意。唯僧尼受牒必須納錢，因此度人爲僧，政府也有好處。早在唐代中宗景龍二年（七〇八），就有賣度牒的弊政。卽如身份很低的屠沽，用錢三萬也可得度（「資治通鑒」卷二百零九）。後來政局不穩定，這種收益更覺有必要。如天寶十四年（七五五），安祿山叛亂，軍費增多，政府財政支絀，就派人到太原去納錢度僧尼道士，十天左右得錢百萬緡，因此第二年又度僧道收貲（「癸巳存稿」卷十二）。肅宗至德元年（七五六）「彭原郡以軍興用度不足」又「權賣官爵及度僧尼」（「舊唐書」卷十「肅宗本記」），當時度牒費貴至百緡（「佛祖統紀」卷四十）。安史之亂以後，國家財政逐漸穩定，大曆十四年（七七九）代宗始令「自今更不得奏置寺觀及度人」（「舊唐書」卷十二「德宗本紀」上）。其後綱紀隳弛，甚至地方官吏也往往以度人謀財利，如徐州節度使王智興聚斂無厭，當敬宗生辰那一月裏，卽於泗州置僧壇度人以圖厚利，江淮百姓皆結隊渡淮（「舊唐書」卷一百七十四「李德裕傳」）。當時剃了頭髮的人到達之後，各納二緡，給牒卽回，別無法事（見「全唐文」卷七百零六「王智興度僧尼狀」）。此外各地類此情形的不一。

宋代度牒，不僅有法定的價格，而且它的價格還隨使用範圍的擴大面與日俱增。元豐七年（一〇八四）着令度牒每道爲錢百三十千，夔州路至三百千，以次減爲百九十千，元祐間定價爲三百千。南宋紹熙三年（一一九二）定價爲八百千。元豐至紹熙，百年間度牒價格增至六倍以上，而它的用途也異常寬泛。如北宋神宗時「河北轉運司幹當公事王廣廉嘗奏乞度僧牒數千道爲本錢於陝西轉運司私行青苗法，春散秋斂」（「宋史」卷一百七十六「食貨志」）。這樣以度牒充青苗資本，限制高利貸者的盤剝，減輕人民負擔，增加朝廷收入，算是第一類。神宗熙寧六年（一〇七三）賜夔州路轉運司度僧牒五百置市易於黔州，這樣以度牒充市易本錢，防止大商人壟斷物價，穩定市場，並增加朝廷收入，算是第二類。英宗治平四年（一〇六七）「給陝西轉運司度僧牒，令糴谷，賑霜旱州縣」（「宋史」卷十四「神宗本紀」）。熙寧三年（一〇七〇）四月「丁卯給兩浙轉運司度僧牒，募民入粟」（「宋史」卷十五「神宗本紀」）。熙寧七年（一〇七四）「八月丁丑賜環慶安撫司度僧牒，以募粟，賑漢番饑民」（同書同卷）。南宋孝宗乾道三年（一一六七）八月「四川旱，賜制置司度牒四百，備賑濟」（「宋史」卷三十四「孝宗本紀」）。次年（一一六八）綿漢等州饑「五月癸亥出度牒千道，續減四州科調」（同書同卷）。八年（一一七二）十二月「甲寅雨雹，以度僧牒募閩廣民入米」（同書卷三十五「孝宗本紀」）。淳熙十四年（一一八七）七月「辛酉，江西湖南饑，給度僧牒鬻以糴米備賑糶」，「八月辛未賜度牒一百道，米四萬五千石備賑紹興府饑」（同書同卷）。這樣以度牒作賑饑之用，算是第三類。北宋徽宗大觀元年（一一〇七）閏十月二十六日詔：明州育王山寺掌管仁宗御容僧行可，賜師號，度牒各二道，用爲酬奬（「宋會要輯稿」第二百册道釋一）。南宋高宗建炎元年（一一二七）五月一日赦，暴露遺骸許所在寺院埋瘞，每及一百人，令所屬勘驗，申禮部給度牒一道。紹興二年（一一三二）改爲每及二百人給度牒一道（出處同上）。次年（一一三三）九月七日，陝西諸路都統制兼宣撫處置司都統制吳玠，母劉氏墳寺乞賜名額。詔以報功顯親院爲額，仍歲給度牒一道（同上）。乾道六年（一一七〇）湖州馬墩鎮行者祝道誠收葬運河遺骸千二百六十有餘，蒙賜度牒並給紫衣剃度（同上）。八年（一一七二）二月建康府僧普立童行彭普海「以管乾皇兄元懿太子道殯所香火已及三年賜度牒一道」。五月饒州饑，僧紹禧行者智修煮粥供贍計五萬一千三百六十五人，僧法傳行者法聚煮粥供贍計三萬八千五百六十一人，詔行者智修法聚各賜度牒披剃（同上）。九年（一一七三）三月敍州男子郭惠全自少出家，母死，負土成墳，孝節感着，賜度牒一道披剃爲僧（同上）。這樣以度牒旌表有功或孝節，算是第四類。南宋時期，軍事倥偬，財政支絀，朝廷還往往以度牒充軍費，如紹興九年（一一三九）八月乙丑「給新法度牒紫衣師號錢二百萬緡，付陝西市軍儲」（「宋史」卷二十九「高宗本紀」）。紹興十一年（一一四一）宋金激戰於廬州，「三月庚子朔張俊進屯田及賣度牒錢六十三萬緡助軍用」（同書同卷）。寧宗嘉定十一年（一二一八）正月，乙未「以度僧牒千給四川軍費」（同書卷四十「寧宗本紀」）。理宗淳祐七年（一二四七）四月庚戌「出緡錢千萬，銀十五萬兩，祠牒千絹萬並戶部銀五千萬兩付督視行府趙葵調用」（同書卷四十三「理宗本紀」）等都是，算是第五類。此外朝廷還以度牒經營商業，如北宋神宗熙寧七年（一〇七四）「遣三司幹當公事李杞入蜀，經劃買茶於秦鳳熙河博馬，而韶言西人頗以善馬至邊，所嗜唯茶，乏茶與市，卽詔趣杞據見茶計水陸運致。又以銀十萬兩帛二萬五千，度僧牒五百付之，假常平及坊場餘錢，以著作佐郎蒲宗閔同領其事」（同書卷一百八十四「食貨志」），算是第六類。後來朝廷還以度牒幫助改革幣制，如南宋光宗紹熙三年（一一九二）「出度僧牒二百收淮東鐵錢」（同書卷三十六「光宗本紀」），算是第七類。總之，宋朝一代，度牒可以作爲貨幣來應用。

度牒領得之後，可以免丁錢避徭役，保護貲產，這是唐到北宋的一般現象。因此豪強兼並之家，公然冒法，買賣度牒，從中取利，甚至有僞造度牒的（「宋會要輯稿」第六十七册「職官」十三）。南宋時代，因疆域縮小，朝廷收入減少，所以在紹興十五年（一一四五）正月辛未，又命「僧道納免丁錢」（「宋史」卷三十「高宗本紀」）。乾道七年

（一一七一）「詔寺觀毋免稅役」（同書卷三十四「孝宗本紀」）。淳熙五年（一一七八）正月「癸卯罷特旨免臣僚及寺觀科徭」（同書卷三十五「孝宗本紀」）。這樣，就連持有度牒的僧尼，也不能免除稅役了。不過他們還可以享受其他種種權利，度牒仍有它一定的價值，所以到紹興二十七年（一一五七）州縣還有出賣亡僧度牒而不繳申祠部的情形（「宋會要輯稿」第二百册道釋一）。

明代僧尼依然給牒，明太祖洪武十四年（一三八一），詔天下編賦役黃册規定「僧道給度牒，有田者編册如民科，無田者亦爲畸零」（「明史」卷七十七「食貨志」）。清世祖順治八年（一六五一）免納銀給牒。其後又將田賦（土地稅）和丁稅（人頭稅）歸並爲「地丁」一種賦稅。以地歸丁，不須報牒免役。但爲了限制僧尼的數量，依然嚴行發給度牒的制度，一直沿用到乾、嘉時代，後來何時廢止（見「大清會典・事例」），還不清楚。

五、清規

林子青

清規是中國禪宗寺院（叢林）組織的規程，和寺衆（清衆）日常行事的章則，也可說是中世以來禪林創行的僧制。本來中國佛教從晉道安首創僧尼規範三例以後，卽隨時有在戒律之外別立禁約之舉，如支遁立衆僧集儀度，慧遠立法社節度，乃至梁武帝造光宅寺於金陵，命法雲爲寺主，創立僧制，用爲後範，皆是其例（見「大宋僧史略」卷中「道俗立制」條）。到了中唐，禪宗盛行，百丈懷海禪師痛感禪僧住在律寺內，雖另處別院，但於說法住持，都不能合法。於是他於元和九年（八一四），別立禪居之制：尊「長老」爲化主，處之「方丈」；不建佛殿，只樹「法堂」，學衆盡居「僧堂」，依受戒年次安排；設「長連床」，供坐禪偃息；闔院大衆「朝參」「夕聚」，長老上堂，徒衆側立，賓主問答，激揚宗要；「齋粥」隨宜，二時均遍；又行「普請」法，上下均力；事務分置十「寮」置首領主管等等（見「景德傳燈錄」卷六末附「禪門規式」）。這些就成了叢林新例，與律法不同（見「僧史略」卷上「傳禪規法」條）。世人卽稱爲「百丈清規」。

「百丈清規」流行到北宋，歷時旣久，沿革自多，未免混亂，故崇寧以後，歷有增訂。現可考見的，在崇寧二年（一一〇三）有眞定宗賾搜集諸方行法，重編爲「禪苑清規」十卷，亦稱「崇寧清規」，百丈之作乃被稱爲「古規」。後至南宋咸淳十年（一二七四），又有金華惟勉悉假諸本，參異存同，編成「叢林校定清規總要」二卷，又稱「咸淳清規」。再後到元代至大四年（一三一一），東林戈咸又參考諸方規則，改定門類編次，並詳敍職事位次高下等，成「禪林備用清規」十卷，又稱「至大清規」。這些雖是比較通行之本，但不能使諸方統一而毫無增損。因此，元順帝元統三年（一三三五），更由朝廷命江西百丈山住持德輝重輯定本，並由金陵大龍翔集慶寺住持大訢等校正。德輝乃取「崇寧」、「咸淳」，「至大」三本薈萃參同，重新詮次，又刪繁補缺，折衷得失，分成九章，釐爲二卷。此本即名「敕修百丈清規」，頒行全國，共同遵守。雖其名仍爲「百丈清規」，而內容精神已去古益遠，面目全非。從明迄今，數百年間，都通行此本，只分卷略有出入而已（明藏本改刻爲八卷）。

通行本「百丈清規」的九章中，前四章主要規定關於祝聖、國忌（帝王、王后忌日）、祈禱、佛誕節、涅槃節、達摩忌、百丈忌以及各寺歷代諸祖忌等儀式。這些都是律所未定，古規沒有的（古規是以僧徒受戒或住持入院開始的）。從此以下，才算是叢林本身的規章制度。第五章「住持」，是關於住持上堂、晚參、普請、入院、退院、遷化、荼毗、議舉住持一系列的規定。第六章「兩序」，是關於叢林東西兩序的頭首、知事。西序：首座、知藏、知客、書記、衣鉢、侍者、湯藥等。東序：都監、維那、副寺、典座等。列職：寮元、化主、園主、水頭等各職事的規定。第七章「大衆」，是關於沙彌得度、登壇受戒、道具形式、遊方參請、坐禪、普請及料理亡僧後事等的規定。第八章「節臘」，是關於大衆入寮、建楞嚴會、四節念誦茶湯、結制禮儀、朔望巡堂、月分須知等的規定。第九章「法器」，是關於鐘、板、魚、磬、椎、鼓等號令法器的說明及其打法的規定。這九章的規定極詳，但關於僧衆的一般行事，現代叢林仍另有「共住規約」，為全寺所共同遵守；又丈室、庫房、客堂、禪堂等各處，也另有規約，明定辦事的細則。

現在叢林中實行清規的主要情況，約略如次：

一、結夏與結冬

叢林每年以結夏（即結夏安居，亦稱結制）、解夏（亦稱解制）、冬至、年朝為四大節，極其重視。結夏、解夏，系遵印度原制；冬至、年朝，則依中土風俗。結夏期日原為四月（前安居）或五月（後安居）的十五日，解夏則在七月或八月的十五日，但從元代以來，各提前一日講習禮儀，以便期內得專心修道。另外，在每年從十月十五日到次年正月十五日的九旬期間，叢林中也結制安居，稱為結冬。這是仿照結夏制度集合江湖衲僧來專修禪法的，故名為「江湖會」。清代以來，叢林曾有只結冬而不結夏的反常現象，後經糾正，仍以結冬坐禪、結夏講經學律等為慣例（見「清規證義記」卷八）。近代著名叢林如寧波天童寺等，都實行這樣「冬參夏講」的制度。

二、安　單

叢林的成員通稱清衆。凡曾受具足戒的比丘，衣鉢戒牒俱全的遊方到寺，都可掛搭（亦稱掛單），暫住於旦過寮（又稱雲水堂）。如掛搭已久，知其行履可以共住的，卽送入禪堂，名爲安單，從此成爲清衆，隨同結夏。一般叢林都從四月一日起，照規入夏，禁止遊方，鎖旦過寮。至八月一日，始開寮重新接衆。又叢林安單亦分春冬兩期，春期自正月十六日起至七月十五日止，冬期自七月十六日起，至次年正月十五日止。在正月、七月期頭進禪堂者，名爲大進堂。

三、大請職

此卽一寺的人事安排，爲叢林冬期的重要行事，一般於每年八月十六日舉行。事先半月，由客堂開具新進堂禪衆和舊住的名單，送住持查閱。至八月十四日，住持召集客堂、禪堂、庫房諸頭首共議請職。十六日大衆齊集大殿月臺，知客點名，依次進殿，宣布職事名單並講清規，新請職事卽到法堂謁住持，又到禪堂行十方禮，再依職送位。

四、貼　單

此爲一寺職事及常住人員名單的公布，例於每年十月十五日舉行。事先客堂與維那將闔寺人員戒臘久近開具淸單，送與住持、寫成單票（每條四字，職序在上，法名在下）。十四日，客堂掛「貼單」牌，到十五日，住持入堂說法，爲首座貼單，其餘由維那貼，以職事大小，戒臘先後爲序，再各按名位順次送單。凡單上有名的，都是一寺常住的成員。

五、打　七

此是結冬中的重要行事。叢林坐禪通例從九月十五日起加香，卽延長坐禪時間。又從十月十五日至次年正月七日舉行禪七，每七天爲一期，謂之打七。此爲禪衆剋期取悟的禪會，或打七七，或打十七，不定。每一禪七的起解，稱爲起七和解七，各有規定儀式。

六、普　請

卽普遍邀約大衆勞作的制度，亦稱出坡。此制在唐代卽已行於各地，如開成四年（八三九）九月二十八日，日僧圓仁入唐巡禮至山東赤山院，記載目睹的情形說：當院始收蔓菁蘿蔔，院中上座等盡出揀葉；如庫頭無柴時，院中僧等不論多少，盡出擔柴去（見「入唐求法巡禮行記」卷二）。不過此種制度原來由於倡導農禪，凡耕作摘茶等作務都以普請為之。後世普請只限於輕微勞動，如四月佛誕摘花、六月曬藏、曬薦、平時園中摘菜、溪邊搬柴以及節前寺舍掃除等，皆偶一為之而已。直到今天，始見恢復原來的精神，已有叢林以勞動為佛事之一的新制。

七、歲　計

是叢林歲末的會計報告。在現存的唐代文獻中還有此種記載。如開成三年（八三八）十二月二十九日，日僧圓仁至揚州開元寺，記云：眾僧參集食堂，禮佛上床坐，有庫司典座僧於眾前，讀申歲內種種用途帳，令眾聞知（見「入唐求法巡禮行記」卷一）。歲計原行於歲末，由住持審查各種簿册，但現在叢林的會計報告，多每月舉行一次，由住持召集禪堂班首、維那、客堂知客、僧值、庫房都監、監寺等，於丈室行之，稱為算帳（見「高旻寺丈室規約」）。

八、肅　眾

即僧眾違犯清規的處分。古規，清眾中生事違規者由維那檢舉，抽下掛搭衣物，擯令出院，以安清眾。或有所犯，即以拄杖杖之，集眾燒衣鉢道具，遣逐從偏門出，以示恥辱

（見「景德傳燈錄」卷六末附「禪門規式」）。後世遵此，對於三業不善不可共住的僧禪也以香板相責，並遷單擯出。在「清規」中還明定肅衆辦法，除刑名重罪例屬官廳處置外，若僧中自相干犯，都以清規律之，隨事懲戒，重則集衆捶擯，輕則罰錢、罰香、罰油，而榜示之。又擯出犯規者，還要將擯條實貼山門，鳴大鼓三通，以杖攻出（見「清規證義記」卷五）。

九、榜狀牌示

叢林行事通知的方法，通常有知單、貼榜、書狀和牌示等。如住持宴請首座或遠來尊宿等茶湯，皆開列名單，由侍者報知，謂之知單。方丈、庫司招待大衆茶湯的請柬則用榜，首座請柬用狀。方丈請首座，榜貼於僧堂前東邊牌上，庫司請首座，榜貼於西邊牌上。首座請下頭首茶，狀貼於僧堂前下間板上。叢林從來最重茶禮，有謝茶不謝食之說。又叢林行政性的通知，用掛牌方式傳達，名爲牌示。其掛牌地點隨各種行事而不同。如結夏、誦戒、請職、貼單、普佛等牌示，皆掛齋堂前；上堂、秉拂、祈請、禱雨，掛大殿前；起七、解七，掛禪堂前；升座、免禮等，掛內韋馱殿前（見「高旻寺規約」）。

十、鐘鼓法器

此爲叢林號令所寄，鳴扣各有常度。凡禪堂坐參、佛殿誦念、食堂齋粥、升堂集衆、普請巡寮、入浴送亡等一切行事，都依鐘鼓等號令進行。如集衆上殿則僧堂鳴鐘，長老升堂則法堂擊鼓，報衆同赴。普請則開梆、催板，新住持入院則鐘鼓齊鳴。凡止靜、開靜、念誦、齋粥等行事，從朝到暮，鐘鼓交參，遂形成叢林一定的禮法。

六、課誦

王新

課誦是佛教寺院定時念持經咒、禮拜三寶和梵唄歌讚等法事，因其冀獲功德於念誦準則之中，所以也叫功課。

按瑜伽有四種念誦：即音聲念誦（出聲念）、金剛念誦（默念）、三摩提念（心念）和眞實意念（如實修行）。本文主要談第一種，即所謂「清淨在音聞」。追溯古代，先是經咒和梵唄等簡單的念誦，晉代以後發展出懺法，再後又有「水陸」、「焰口」等，唱念趨於複雜。唐代馬祖建叢林，百丈制「清規」。趙宋以後，特別是明代叢林中普遍形成了朝暮課誦（也叫「二時功課」，「二課」或「早晚課」）制，與經、懺等法事相併列而成另具一格的寺院風尙。

關於課誦的最早記載，見於「吳書・劉繇傳」附記後漢笮融的事迹裏，該記說：「笮融者，丹陽人，初聚衆數百，往依徐州牧陶謙，謙使督廣陵、彭城運漕。」遂「坐斷三羣委輸以自入，乃大起浮圖祠……重樓閣道，可容三千餘人，悉課讀佛經，令界內及旁郡人有好佛者聽受道。」這種課讀，當是隨着西域等地的佛教翻譯家們傳來的。在「法華經・法師品」裏有：受持法師、讀經法師和誦經法師就是明證。唐玄奘譯的「大唐西域記」裏也說到卑鉢羅石室苾芻設壇念誦的故事。在東晉「高僧法顯傳」中，記述古代斯里蘭卡佛牙出行禮拜念誦（法事）的盛況云：「獅子國(斯里蘭卡)……佛齒，當出至無畏山精舍，國內道俗欲植福者，各各平治道路嚴飾巷陌，……然後佛齒乃出中道而行，隨路供養到無畏精舍佛堂上，道俗雲集，燒香燃燈，種種法事，晝夜不息，滿九十日乃還城內精舍。」以禮拜念誦爲主的種種法事，晝夜不停，同我國宋代以來叢林下的九旬勝會和一些地區的佛誕等節日有類似之處。唐玄宗曾經詔不空誦「仁王經」，代宗「敕百沙門於禁中念誦謂之內道場」，又敕「灌頂道場，選沙門二十七員，爲國長誦「佛頂咒」（「佛祖統紀．祈禱災異」）。朝廷如此提倡，寺僧如何當可想見。「佛祖統紀」卷五十三在「持誦功深」條下，列舉了從東晉安帝（三九七——四一九）到趙宋光宗（一一九〇——一一九五）歷七百餘年道俗念誦佛經的突出事例十九起，可見，提倡課誦，歷史悠久。

古代印度和印尼等國佛教流行的地區，普遍諷誦馬鳴所作的讚佛詩歌(「佛所行讚」)。他們認爲該詩字少義多，能使「讀者心悅忘倦」(唐義淨「南海寄歸內法傳．讚咏之禮」)。這相當於我國的讚唄念誦。

我國曹魏陳思王誦讀佛經，「制轉讚七聲昇降曲折之響」，又作「魚山梵」（亦稱「魚山唄」）六章，「纂文制音，傳爲後式」（「法苑珠林」卷三十六「唄讚篇」）。

古印度諷誦佛經是奉行的「三啓」儀制，首先頌揚馬鳴所集的讚佛詩文，其次正誦佛經，然後陳述回向發願。全過程是「節段三開」，所以叫做三啓。「經了之時，大衆皆云蘇婆師多」，「或云娑婆度」（同前「讚咏之禮」）。這種「三啓」式的念誦法，就是我國漢地古今法事念誦的基本儀制。舉行任何一堂法事，總是安排先讚（或「香讚」，或「讚偈」等），次文（經咒本文、有關儀文等），末了回向發願（或偈或文，或偈文兼舉）這種基本形式。只是後綴的大衆同聲念蘇婆師多或娑婆度，在漢地念誦儀裏少見，但也有某些法事的文末稱「善」或「善哉」的。娑婆度就是善哉之意。蘇譯爲妙，婆師多譯爲語，意思是讚嘆經文爲微妙語。

我國的念誦儀制始創於東晉道安，他制僧尼軌範三則：一曰行香定座上講之法（即講經儀）；二曰常日六時行道飲食唱時法（即課誦齋粥儀）；三曰布薩差使悔過等法（即道場懺法儀）。這三條對佛教的影響極爲深廣，爲後來各種法事儀制的開端。宋明以來寺院逐漸普遍奉行的朝暮課誦，當亦導源於此。

南朝梁代就有到舍宅爲寺「別營小室，朝夕從僧徒禮誦」的記載（「古今圖書集成・神異典・釋教部」）。唐百丈懷海「別立禪居」，「闔院大衆朝參夕聚」（見「景德傳燈錄」卷六附「禪門規式」）。「大宋僧史略」卷上「別立禪居」條下更引伸說：百丈懷海「有朝參暮請之禮，隨石磬魚爲節度」。元朝廷令百丈山德輝編訂「敕修百丈清規」的「殿鐘」條下載明：「住持朝暮行香時」鳴鐘七下。同書「磬」條下又載：「大殿早暮住持知事行香時」值殿者鳴磬，「大衆看誦經咒時」鳴磬。可見禪僧修行，此時已具備朝暮課誦的雛形。在北宋「崇寧清規」和南宋「咸淳清規」中還屬闕如。不過，後來「朝暮課誦」所定的內容，包括晚課「蒙山施食」在內的大部分，全是宋人分別集、撰而成，這可說明當時已有某些寺院，甚至某些地區實行早晚課，只是還不普遍，所以直到宋末的「咸淳清規」裏還沒有明確的反映。明清之際，朝暮課誦漸趨定型，奉行的範圍遍及各宗各派大小寺院和居家信徒，成爲所有叢林必修的定課。例如，明通容編「叢林兩序須知」規定：首座「早晚課誦勿失」、書記「早晚隨衆課誦」和監寺「早暮勤事香火課誦勿失」等等。蓮池的「雲棲共住規約」上集末規定：「晨昏課誦，不得失時偷懶，違者依例罰錢十文。」同書附集「學經號次」條下又有「晨昏」定課的規定。清儀潤的「百丈清規證義記」卷八等更明確了早晚課誦的具體內容，並在「禪堂規約」條下規定「行坐課誦受食出坡等不隨衆者罰」。

古代印度著名的那爛陀寺，也有課誦的規定，但與我國不盡相同。唐義淨在記述那爛陀寺的禮誦時說：「那爛陀寺人衆殷繁，僧徒數出三千，造次難爲詳集。寺有八院，房有三百，但可隨時當處自爲禮誦。然此寺法差一能唱導師，每至晡西（下午三到五時），巡行禮讚。淨人童子持雜香花，引前而去，院院悉過，殿殿皆禮。每禮拜時，高聲讚嘆，三頌五頌，響皆遍徹，迄乎日暮，方始言周」（義淨「南海寄歸內法傳」卷四）。斯里蘭卡的「坎第」勝區，當地常常有人於鷄鳴時攀躋高峯瞻禮佛迹。

我國古德定日課於朝暮二時，自有其依據。「二課合解」的作者觀月興慈在敍述古哲爲什麼要建立課誦於早晚時指出：「朝暮不軌，猶良馬無繮」（「重訂二課合解自序」），這是說佛徒朝暮需以課誦來作爲自身的軌範。朝指五更，爲日之始、晝三時之初，佛徒從鐘聲破夜警醒而起，盥洗畢，卽上殿課誦，則期思惟以還淨。暮爲日晡，隸屬晝三時之末，功課禮誦，乃冀覺昏而除昧。所以二時功課之設，成爲佛教寺院通行的重要規制。

二時課文，全屬大乘藏攝。如「楞嚴」、「大悲」等咒，「阿彌陀經」、「懺悔文」、「蒙山施食」以及稱念佛號。因此，禮誦課文的人要做到：身體端肅，口出淸音，意隨文觀。二課全文，分爲三個部分：一、早自「楞嚴咒」始，晚從「彌陀經」起，各至稱念佛號、三菩薩止爲課誦正文。二、在三菩薩後，早晚各有回向文和三皈依爲普結回向。三、每逢朔望等還有二時祝讚等爲祝禱護神。玆依次簡介如下：

一、課誦正文

早課首先是「大佛頂首楞嚴神咒」，簡稱「楞嚴咒」。梵語首楞嚴，譯爲一切事究竟堅固。咒字前人主張不譯不解，但後來有人指出爲「明」，持咒義爲持明。此咒五會，總名爲「佛頂光明『摩訶薩怛多』（譯大白）『般怛囉』（譯傘蓋）無上神咒」，是與「楞嚴經」（顯義）相依持的密義。宋、元以來一直盛行，特別是南宋和元兩代，叢林每年於安居結制中定有三月（農曆四月十三至七月十三爲期的楞嚴會制，節日、祝釐、祈禱、薦亡等無不諷誦。所以被定爲日課之首。

在念「楞嚴咒」之前，還要先誦與此密切關連的阿難讚佛發願偈十八句。例「朝暮課誦」順序：「楞嚴咒」後爲「大悲咒」、「十小咒」和「心經」，但多數叢林不誦「大悲」、「十小」咒，徑由「楞嚴咒」接誦「心經」。

「心經」，全稱爲「般若波羅蜜多心經」一卷，唐玄奘譯，流通諷誦，皆用此本。不同的譯本現存的有法月譯題名「普遍智藏般若波羅蜜多心經」等六種，此外還有已佚譯本，藏、蒙、滿文等譯本，大體與法月譯本相近。本經文旨，原出於大部「般若經」內有關舍利子的各品，即唐譯「大般若經」第二分初，「緣起」、「歡喜」、「觀照」、「無等等」四品——「大般若經」卷四百零一至四百零五，各品佛說和舍利子問答般若行的意義和功德，本經是其中的撮要單行，以故譯本略去首（序）尾（流通）二分。實爲大部「般若」之中心，該六百卷經義，所以題名叫「心經」。

「心經」末了，唱頌整個般若部的總題，「摩訶般若波羅蜜多」三稱，接唱「上來現前清淨衆，諷誦楞嚴秘密咒」等十二句回向偈，結上起下，功德回向十界，祝願國泰民安。連唱念佛讚偈八句，頌揚彌陀因地發願，果圓度生。此二偈前者是宋眞歇清了所作，後者為擇英所撰。讚偈接念佛號繞行，歸位後稱三菩薩，早課正文完畢。

晚課首先是「佛說阿彌陀經」，又名「一切諸佛所護念經」，姚秦鳩摩羅什譯，是淨土宗的主要經典之一。不同譯本有唐玄奘「稱讚淨土佛攝受經」等。其主要思想是廣陳極樂依、正莊嚴令人起信，特勸發願求生和持名立行。經後附誦「拔一切業障根本得生淨土陀羅尼」（即「往生咒」）三遍。接誦「禮佛大懺悔文」。梵語懺摩，華言悔過。懺悔一詞是華梵結合。懺表消除已往的宿業，悔意不造未來的新愆。懺悔全文為四個部分所組成：第一「大慈大悲愍衆生」四句偈為讚禮諸佛；第二從「南無皈依」至「阿彌陀佛」為皈依三寶；第三自「如是等」至「我今皈命禮」為懺罪陳善；第四由「所有十方世界中」至末了為發願回向。此文是宋不動依「三十五佛名禮懺文」整理，前增五十三佛，後綴法界藏身阿彌陀佛和普賢十大願偈，共成一百零八頂禮，以表願斷一百零八煩惱之意。百零八禮的禮法是：初四句、金剛上師、皈依佛法僧三句、「我今發心」至「三菩提」、盡虛空一切諸佛、一切尊法、一切賢聖僧各一禮，如來十號一禮，八十九佛八十九禮，「如是等」至「今皆懺悔」、「今諸佛世尊」至「我今皈命禮」、所有十方世界中八句、於一塵中塵數佛八句、以諸最勝妙華鬘十二句、我昔所造諸惡業四句、十方一切諸衆生四句、十方所有世間燈四句、諸佛若欲示涅槃四句、所有禮讚供養福四句、願將以此勝功德十六句各一禮，合滿其數。在唐不空譯的「三十五佛名禮懺文」卷末附有說明：「右此三十五佛名並懺悔法，……五天竺國修行大乘人，常於六時禮懺不闕。……」可知禮懺一法很早就是天竺大乘人的常課。我國古人雖把懺悔課文定爲百零八禮，實際除了個人如法禮誦而外，在叢林裏多是跪誦而不禮拜。「懺悔文」後爲「蒙山施食」。蒙山是宋不動法師修行居處，位屬四川雅州。他認爲諷誦和懺悔而後，就應利及幽冥。所以依據密部教典，集成施食儀文，共十二段，始從「若人欲了知」（「華嚴經」偈），終至回向，加讚偈念佛，稱三菩薩，晚課正文告竣。

二、普結回向

大乘佛教的任何禮誦等法事，後面總是隨着回向儀文，意思是把所修功德回轉過來（從自己轉向他人、各方，從事相轉向理體等），向給各個方面，類屬發願；往往又與發願文合在一起稱作回向發願文。朝暮課誦在三菩薩後就是此文。一般叢林之下，早課用引磬跪唱「普賢菩薩十大願王」，即「一者禮敬諸佛」至「十者普皆回向」十句，又名「十者」。有的叢林不唱「十者」，而唱「怡山文」或「華嚴文」；後接「四生九有」等四句，普爲衆生發願；再接三皈依早課畢。晚課在三菩薩後，也同樣用引磬跪白「十方三世佛」等「大慈菩薩發願偈」或宋遵式所作「一心皈命」等「小淨土文」。接着是「警策大衆偈」和「普賢警衆偈」。前者是「出曜經」中敍述佛陀因見三條大魚被驚濤浸灌，流入淺水，各自掙脫厄難的情景而說的「是日已過，命亦隨滅，如少水魚，斯有何樂」偈。後者「大衆當勤精進，如救頭然，但念無常，愼勿放逸」。是警策行人應當奮勇前進，不可稍有鬆懈。此二偈合在一起，很早就爲叢林念誦儀中採用，北宋「禪苑清規」卷二「念誦」條下採錄此文，以後各種「清規」和「念誦集」也多收錄。晚課最後也與早課一樣，以三皈依告竣。

三、祝禱護神

朝暮課誦，按說到了三皈，就算結束。但每逢朔望，還有早祝韋馱、晚祝伽藍等舉。自從唐道宣「感通錄」載了南天王部下的韋將軍周行東、南、西三洲，保護佛教的故事傳出後，佛寺對此頗感興趣，因而後來漸漸形成韋馱的塑像，爲寺院的主要護法神之一，號稱韋馱菩薩。伽藍是梵語，義爲衆僧園，卽僧人同修共學和生活的園地。據記載：佛世有美音等十八位護法神保護伽藍；我國陳、隋以來佛教界流傳着關羽歸佛等故事，所以在伽藍神裏，後來有了他的塑像。祝韋馱：是在早三皈後舉念「南無護法韋馱尊天菩薩」三稱，「天女咒」三遍，唱「韋馱讚」。祝伽藍：是在晚三皈後，儀與祝韋馱同，只是念誦與唱讚的內容更換。

一年四節（結夏、解制、冬至、農曆元旦）進行祝聖報國土恩：早課唱「寶鼎」、

「聖無量壽光明王咒」，白「大祈禱文」，稱念護國仁王菩薩摩訶薩，接「楞嚴咒」做早課。此時悅衆同監院等一班人出殿門，依次至四聖前做小祈禱。先至韋馱前站班畢，唱「香雲蓋」三稱，念「天女咒」三遍，「南無護法韋馱尊天菩薩」三稱，悅衆白「祈禱文」，唱「韋馱讚」畢。然後依次伽藍、祖師、監齋前，儀同，念誦、白文和唱讚各各更換。

此外，每逢佛、菩薩、祖師等誕、忌和成道等祝儀；午前殿、堂上供等儀，具如「禪門日課」所載，玆不贅述。

附註：依照上面所說，佛寺叢林規定出家僧衆的行持——早晚二時功課，由「楞嚴咒、大悲咒、十小咒、蒙山施食」，乃至各種佛事、佛前上供等，均以密宗的密咒爲主。可見中國佛教，早已成爲「顯密佛法，圓融無礙，圓轉如意」的大乘佛教了。

七、國師

林子青

「國師」是我國歷代帝王對於佛教徒中一些學德兼備的高僧所給予的稱號。我國高僧獲得國師稱號的，一般以北齊時代（五五〇——五七七）法常爲嚆矢。據「佛祖統紀」卷三十八說，北齊文宣帝天保元年（五五〇），詔高僧法常入宮講「涅槃經」，尊爲國師；國師的名稱以此爲始。同時又以沙門法上爲大統（僧官），統治天下僧尼，亦尊爲國師。但從唐法琳的「辯正論」卷三「（僧）實國師」的記載看來，則在北周時似已有國師的稱號了。

宋志磐「佛祖統紀」卷四十三述國師稱號的由來說：「自古人君重沙門之德者，必尊其位，異其稱，曰僧錄、僧統、法師、國師。入對不稱臣，登殿賜高座，如是爲得其宜。」因此，後來有些學德兼備的高僧，常被當時帝王尊爲國師。

不過這種國師的稱號，在印度和西域早已流行。「大宋僧史略」卷中「國師」條說：「西域之法，推重其人，內外攸同，正邪俱有。昔尼犍子信婆羅門法，國王封爲國師。內則學通三藏，兼達五明，舉國皈依，乃彰斯號。」「中阿含經」卷十五「轉輪王經」記剎利頂生王時：「國師梵志巡行國界，……」這是婆羅門爲國師的例子。又「出三藏記集」卷十一「訶梨跋摩傳序」記載：佛滅九百年時，有個印度外道論師，想阻止巴連弗王崇敬三寶，就到摩竭陀國來活動。王卽募境內學者說：誰能以辯論折服外道的，當奉爲國師。訶梨跋摩應募而至，折服了這個外道。王及臣民非常高興，卽與全國人民奉爲國師。「慈恩傳」卷四也說：印度勝軍論師，學德兼備，摩竭陀王很敬重他，便派特使邀請，立爲國師。

佛教東傳以後，西域也有國師的稱號。如前秦建元十八年（三八二）時，西域車師前部王彌第來訪長安，其國師鳩摩羅跋提同來，獻胡語「大品般若經」一部（「出三藏記集」卷八「摩訶鉢羅若波羅蜜經抄序」）。又高僧鳩摩炎（卽鳩摩羅什之父，他從印度到龜兹，娶其王妹而生羅什），聰明有志節，捨相位出家，東度葱嶺。龜兹王聞名敬慕，自出郊迎，請爲國師（「出三藏記集」卷十四「鳩摩羅什傳」）。此外，漢地高僧也有爲當時西域國師的。如隴西高僧法愛，深解經論，兼通術數，爲西域芮芮（亦稱蠕蠕或柔然國）國師，俸以三千戶（「高僧傳」卷八「法瑗傳」）。

當中國南北朝時代，由於王室的支持，許多高僧賴以開展活動，佛教獲得很大的發展。當時許多高僧雖沒有國師的稱號，但受貴族王侯崇信，被稱爲家師、門師等。特別是在北朝，如魏文成帝奉沙門統曇曜以師禮，孝文帝稱呼「成實論」講師道登爲「朕之師」，北涼沮渠蒙遜對於曇無讖，後趙石勒、石虎對於佛圖澄，前秦苻堅對於道安，後秦姚興對於鳩摩羅什等的尊敬，都是相當於國師的禮遇。至北齊文宣帝時，更正式尊稱法常爲國師。元代法洪所撰的「帝師殿碑」（一三二一）說：「古之君天下者皆有師，惟其道之所存，不以類也。故趙以佛圖澄爲師，秦以羅什爲師。夫二君之師其人也，以其知足以圖國，言足以興邦，德足以範世，道足以參天地贊化育，故尊而事之，非以方技而然也。」（「佛祖歷代通載」卷二十二）

南朝陳宣帝，曾以天臺智顗爲菩薩戒師，隋煬帝也同樣以智顗爲菩薩戒師，故有時也號爲國師（「僧史略」卷下）。隋煬帝時之智璀（早親南岳大師，修法華三昧，隱居鍾山），煬帝屢詔，請問法要，禮爲國師（「佛祖統紀」卷九）。唐高祖時之智滿，亦有國師的稱號。唐代三百年間，佛教各宗高僧被尊爲國師的很多。禪宗的神秀，歷武后、中宗、睿宗、玄宗四朝，皆號爲國師。嵩山老僧慧安被稱爲老安國師，慧忠被稱爲南陽國師，知玄被稱爲悟達國師，無業被稱爲大達國師。密宗方面，金剛智寂後，諡爲灌頂國師。不空爲帝灌頂，賜號智藏國師。淨土宗有南岳法照爲代宗時代的國師。華嚴宗的澄觀，於貞元十五年（七九九）入宮闡說華嚴宗旨，德宗賜以大統清涼國師之號；法藏則被封爲康藏國師。祖琇在「隆興編年」卷十五說：「吾釋之盛，莫盛於唐，凡三百年間，以道德爲天下宗師者不可悉數。」從以上人物看來，此說是符合事實的。

五代時期，雖然戰亂不停，但那些割據一方的小國對於高僧的賜號仍見流行，西蜀後主賜無業爲祐聖國師，吳越王以天臺德韶爲國師，南唐以文遂爲國大導師，閩王王審知以鼓山神晏爲興聖國師。

宋代佛教是禪宗的全盛時代，禪僧獲得賜號極多，未見有國師的稱號。但日本天臺宗高僧成尋於宋時來訪我國，至開封謁見神宗，神宗賜以善慧大師之號；寂後敕葬於天臺山國清寺，建塔賜題「日本善慧國師之塔」（常盤大定「日本佛教之研究」二百六十四頁）。

遼代崇信佛教，不少僧徒兼任朝廷高官。「契丹國志」卷八說：「（興宗）尤重浮圖法，僧有正拜三公、三師兼政事令者，凡二十人。」著名高僧非濁於重熙十八年（一〇四九）爲上京管內都僧錄，清寧二年（一〇五六）晉至檢校太傅太尉，賜純慧大師之號。他的老師就是著名的燕京奉福寺圓融國師。圓融名澄淵，著有「四分律刪繁補闕行事鈔詳集記」十四卷，「科」三卷，稱爲燕臺奉福寺特進守太師兼侍中國師圓融大師賜紫沙門（「奉福寺尊勝陀羅尼石幢記」，「遼史拾遺」卷十六）。

到了金代，國師的名義更見明確。「大金國志」卷三十六「浮圖」條說：「浮圖之教……在京曰國師，帥府曰僧錄、僧正，列郡曰都綱，具曰維那。……國師，在京之老宿也，威儀如王者師，國主有時而拜。服正紅袈裟，升堂問話講經，與南朝等。」

元代的國師，兼有政教的權力；由於朝廷過分寵信喇嘛，造成了許多流弊。元史「釋老傳」記當時帝師的權力說：「乃郡縣土番之地，設官分職，而領之於帝師。……帥臣以下，亦必僧俗並用而軍民通攝。於是帝師之命，與詔敕並行於西土。……雖帝后妃主，皆因受戒而爲之膜拜。……其徒怙勢恣睢，日新月盛，氣焰熏灼，延於四方。」世祖忽必烈於中統元年（一二六〇）以帕思巴（一二三九，一說一二三五——一二八〇）爲帝師，授以玉印，統釋敎。至元六年（一二六九）奉敕新制蒙古字（亦稱帕思巴文字）成，升號爲帝師大寶法王，更受賜玉印。至元十七年（一二八〇）以四十二歲（或云四十六歲）入寂，帝極哀悼，賜以「皇天之下一人之上開敎宣文輔治大聖至德普覺眞智佑國如意大寶法王西天佛子大元帝師」的尊號（「佛祖歷代通載」卷三十二）。至元初，設立釋敎總制院，命國師管領釋敎僧徒及西藏事，同二十五年改爲宣政院。其後對於西藏喇嘛特賜或追謚爲帝師、國師、三藏國師、灌頂國師者，不勝枚舉。

漢族僧人受元朝尊爲國師的也有九人，世祖時代的海雲國師（一二〇二——一二五七）最爲著名。海雲名印簡，山西嵐谷寧遠人，道行孤高，爲朝野所重，卓錫燕京慶壽寺。太子生時，詔海雲國師摩頂立名。寂後築塔燕京；元初新築京城，監築者謀毀海雲國師塔，兩雉相合，奏帝欲去其塔。帝云：海雲高僧，築城圍之；貴僧之德，千古不磨（其行狀詳載於近年北京市發見的王萬慶撰「大蒙古國燕京大慶壽寺西堂海雲大禪師碑」及「佛祖歷代通載」卷三十二、三十五）。大德五年（一三〇一）成宗建大萬聖祐國寺於五臺山，詔求開山第一代住持，帝師迦羅斯巴推薦洛陽白馬寺住持華嚴學僧文才（號仲華，一二四一——一三〇二），成宗卽鑄金印，署他爲眞覺國師（「佛祖通載」卷二十二）。萬松行秀爲金、元兩朝禪宗第一流人物，深受名相耶律楚材等王侯皈依。佛教史籍雖未見他有國師之號，但元代日僧邵元所撰「山東靈岩寺息庵禪師道行碑記」所云：「大萬松雨（秀？）國師下，在雪庭總統，三世而繼其燈，息庵也。」萬松之爲元代的國師也是無疑的（塚本善隆「日支佛教交涉史研究」九十八頁）。天目山中峯明本禪師於至治三年（一三二三）入寂，敕謚爲普應國師。明本於延祐四年（一三一七）住湖州幻住庵時，著有「幻住庵清規」，在「續藏」本卽稱它爲「普應國師幻住庵清規」。此外，雲南大理地方的左黎，亦被元朝封爲國師。左黎滇西人，至京治成宗手疽，封爲國師，歸大理（「滇釋記」卷一）。

明代之初，朝廷爲加強和西藏等民族的聯繫，雖仍沿用元制，封喇嘛爲「帝師」、「國師」等尊號，但其聲勢已不如元代之盛。明太祖洪武六年（一三七三），詔西藏等各族酋長，舉故有官職者至京受職賜印，使因俗爲治；以故元攝帝師喃加巴藏卜爲熾盛佛寶國師，賜玉印及彩幣。自是藏僧有封爲灌頂國師及贊善王、闡化王、正覺大乘法王、如來大寶王者，俱賜以金章誥命，領其人民，間歲朝貢。永樂五年（一四〇七），封藏僧哈立麻爲如來大寶法王、西天大善自在佛，領天下釋教。其徒孛羅等，皆封爲大國師（「古今圖書集成・釋教部・滙考」卷六）。六年，藏僧清來入貢，封爲灌頂慈慧圓智普通國師。

八年，以藏僧綿思吉爲淨慈妙濟國師，以班丹藏卜爲淨覺弘濟國師。十三年，又封西藏的釋迦也協（章嘉國師）爲妙覺圓通慈慧普應輔國顯教灌頂弘善西天佛子大國師等。自永樂一朝受封的西藏喇嘛，有闡化、闡教、輔教、護教、贊善五法王，及二西天佛子，九灌頂大國師，十八灌頂國師（魏源「聖武記」卷五「國朝撫綏西藏記」上）。

英宗天順元年（一四五七），遞減藏僧封號：降法王爲大國師，大國師爲國師。成化四年（一四六八），魏元、康永韶等上書諫言：「今寵遇藏僧，有佛子、國師、法王名號，儀衛過於王侯。……又多中國之人習爲藏教圖寵貴者，伏望資遣藏僧使之還國。」成化十二年（一四七六），大學士商輅等又條陳時政說：「閒住藏僧，往往自都綱、禪師，升至國師、佛子、法王等，給與金銀印信圖書。其有死亡，徒弟承襲，更求造塔。二者皆侵耗朝廷財物，宜行禁治。」於是革除法王、佛子、國師等稱號。到武宗時，又大優遇喇嘛。正德二年（一五〇七），升慈恩、能仁、護國三寺禪師爲國師，以大慈恩寺領占竹爲灌頂大國師。正德五年（一五一〇），武宗自稱爲大慶法王，並學藏語誦藏經，所封國師更多。至世宗信仰道教以後，國師的尊號才不多見（「釋教部．滙考」卷六）。但穆宗隆慶三年（一五六九），仍有闡化、闡教、輔教三王入貢，詔依洪武之制，令三年一貢（「明史」卷三百三十一）。

明代漢族僧人之得封國師尊號見於記載者，只有洪熙元年（一四二五）賜釋智光號廣善大國師。「明外史・方技傳」說：「釋子智光，武定人，洪武時奉命兩使烏斯藏（西藏）、榜葛剌、泥八剌、地涌塔諸國。永樂時又使烏斯藏，迎尚師哈立麻。歷事六朝，寵錫冠羣僧。」英宗嗣位，又加號西天佛子。此外，成化間僧繼曉初以邪術獲封法王和國師，後被革去國師爲民（「釋教部・滙考」卷六）。又萬曆間相傳漳州開雲石室高僧樵雲因超度神宗皇太后，獲賜龍袴，俗稱爲龍袴國師（念西「龍袴國師傳」）。但從澫益（「靈峯宗論」卷八之二）所撰「樵雲律師塔銘」看來，樵雲不過是一個精持戒律兼修淨業的高僧而已，並沒有國師的稱號。

清初世祖敬重禪僧。順治年間（一六四四——一六六一），憨璞性聰、木陳道忞、玉琳通琇等，先後入宮說法，各賜紫衣及尊號。憨璞稱爲明覺禪師。木陳稱爲弘覺禪師（清「尤西堂集序」及「八指頭陀詩集」均稱爲弘覺國師）。玉琳初稱大覺禪師，繼遣使加封大覺普濟禪師，後又加封爲大覺普濟能仁國師，通稱爲玉琳國師，是清代漢族佛教中享有國師尊號的唯一僧人。

清代雖爲喇嘛教的復興時期，但喇嘛被封爲國師的並不多見。青海阿噶旺羅布桑却拉丹，於清初入藏受戒並就學於第五世拉薩大喇嘛等，被認爲第十四世章嘉呼圖克圖後，於康熙二十六年（一六八七）到北京謁見清聖祖，聖祖爲建滙宗時（東廟、黃寺）於內蒙多倫諾爾，令傳教於內外蒙古；康熙四十五年（一七〇六），賜「灌頂普覺廣慈大國師金印」。雍正年間，清世宗又爲第十五世章嘉於滙宗寺西方建立了善因寺（西廟、青寺）（天純「內蒙黃教調查記」）。清初諸帝對於喇嘛的封號甚爲謹愼。乾隆特別製一篇「喇嘛說」刻在雍和宮的四面碑上，那上面說：喇嘛又稱黃教，盛始於元，沿及於明，封帝師、國師者皆有之。我朝惟康熙年間只封一章嘉國師，相襲至今。注云：我朝雖興黃教，而並無加崇帝師封號者。惟康熙四十五年封章嘉呼圖克圖爲灌頂國師；雍正十二年加授章嘉爲灌頂普善廣慈大國師，令住持嵩祝寺。

乾隆時代對於章嘉國師雖極禮遇，但章嘉似已不大過問政治。據清禮親王的「嘯亭雜錄」（嘉慶年間出版）關於清字經館的記事說，乾隆三十七年，設清字經館（卽滿文藏經館）於西華門內，命章嘉國師綜其事，以達天、運筏等助之，考取滿人謄錄纂修若干員，令翻譯經卷，先後凡十餘年，大藏告竣。章嘉國師，喇嘛黃教高僧，爲乾隆帝所優遇，帝嘗以法司案卷命師判決；師合掌答曰：此國之大政，宜由皇上與大臣討論，非方外之人所預也。直到清末，章嘉雖世襲國師稱號，實際上只是在蒙藏地區從事宗教活動而已。

八、俗講

田光烈

俗講的名稱，始見於唐初，實卽六朝以來的齋講，乃是應用轉讀、梵唄和唱導來作佛經的通俗講演的。本來隨着佛經的傳入，就有轉讀（卽詠經）和梵唄（卽歌讚）的發生，另外又有唱導的繼起。唱導原爲說唱教導之意。從講解經論義理，變爲雜說因緣譬喻，使一般大衆更易理解佛教教義，這就是慧皎所謂「宣唱法理開導衆心」（「高僧傳」卷十三唱導）之法。唱導與俗講的性質雖然有所不同，但是二者均以因時制宜隨類化俗爲主要的方法與目的，並且所用材料亦大致相同。「廣弘明集」卷十五有梁簡文帝「唱導文」一篇，王僧孺「禮佛唱導發願文」一篇，巴黎圖書館所藏「長興四年中興殿應聖節講經文」及倫敦博物館所藏「回向文」，其體例與「廣弘明集」所收，俱約略相似。因此俗講制度的一部分也可溯源於唱導。

俗講開始時，只有講經文一類的話本，後來漸採民間流行的說唱體如變文之類，以增強其化俗的作用。但變文與講經文的體制不同，也別有其淵源。

中唐時代，約在文宗太和九年以前，長安諸寺往往有奉敕開演俗講的法會（一般俗講，是不依敕令的）。寶曆二年（八二六）敬宗還親臨興福寺觀沙門文溆俗講（「資治通鑑」卷二百四十三「唐紀・敬宗紀」），由此推知其開講時當有莊嚴的儀式。近人發現巴黎圖書館藏P・三八四九號敦煌卷子一卷，紙背文字二段，一爲「佛說諸經雜緣喻因由記」，一爲俗講儀式，後附虔齋及講「維摩經」儀式。所記俗講儀式有作梵、禮佛、唱釋經題、說經本文、回向、發願等，與講經儀式無大出入，唯多說押座一式，這大概是俗講所特有的。此外參加俗講的也有法師和都講，法師主講，都講唱釋經題，與正式講經無異。

俗講的話本，據敦煌所出作品分類，大別有三：

一、講經文。此爲俗講話本正宗。這類作品，大抵分散文與韵語二部分，散文亦用科判方式分析全經結構的；韵語以七言爲主，偶爾夾雜一些三言、五言、六言在內，末尾總以「某某某某唱將來」的格式收束。內容以敷衍全經者爲多，摘述一段故事者甚少。敦煌所出這類作品，如「長興四年中興殿應聖節講經文」、「金剛般若波羅蜜經講經文」、「佛說阿彌陀經講經文」、「妙法蓮華經講經文」、「佛說觀彌勒菩薩上生兜率天經講經文」、「無常講經文」、「父母恩重經講經文」（「敦煌變文集」下集）等，都是。

二、押座文。據慧琳「一切經音義」卷二十六，押通作壓，座即四座之座，蓋開講之前以梵唄引攝，使聽衆專心一意。日本「大正藏」收有史坦因的二二四〇號四種壓座文：即「維摩經押座文」、「溫室經講唱押座文」、「八相押座文」、「三身押座文」，均以七言或八言的韵文爲中心，是短品。這四種的末尾均有「某某某某唱將來」一句，可見押座文還有隱括全經引起下文的一種作用。另有緣起文一種，與押座文作用略同，唯較押座文篇幅更長而已，兩者當卽後世入話、引子、楔子之類。

三、俗文。亦稱變文、唱文、講唱文、緣起等。變文爲僧侶所作，與俗講有密切關係。它本來是講唱用的，以佛教經典爲主題，使佛義通俗化而成爲人所共知的講唱形式，最宜於俗講使用，因此也用爲俗講的話本。

俗講雖有三種話本，却以講經文爲宗，押座文爲引子，變文不過是補充材料而已。

俗講盛行於文宗時代（八二七——八四〇），其發生時似在唐初。如據「續高僧傳」卷二十「善伏傳」所載伏日聽俗講事，卽貞觀三年（六二九）頃俗講卽已存在，五代以後，俗講雖不大流行，然據「佛祖統紀」卷三十九引「釋門正統」良渚之言，俗講至南宋理宗時（一二二五——一二六四）還未盡絕。這樣從七世紀到十三世紀，前後存在大約五百多年。以區域而論，長安爲俗講的中心，定時奉敕舉行；各地方寺院也大都在春秋及夏（或冬，卽正、五、九等三長齋月）各有舉行。地方俗講與唱導差不多，而俗講僧、說法師、邑師、化俗法師等爲數亦不少。

俗講流行區域這樣廣，存在時間這樣長，但在北宋時，由於政治的原因，與異教一齊遭受禁止，至南宋已名存實亡。但它的影響却極其廣大，宋以後說話人（分小說、說經及說參請、講史書、合生商謎（四科）、話本、寶卷、諸宮調、彈詞等，均可溯源於此。

九、浴佛

林子青

浴佛的起源，是因悉達多太子在藍毗尼園無憂樹下（亦稱娑羅樹或波羅叉樹）降生時，九龍（亦說二龍）吐水洗浴聖身的傳說而來。在古代，它已成爲佛教故事中一個重要的題材。印度鹿野苑和阿摩羅伐底近代出土的佛傳雕刻，都有這種情景的構圖。據「過去現在因果經」卷一的記載，摩耶夫人懷胎臨近產期，一日出遊藍毗尼園，行至無憂樹下，誕生了悉達多太子。難陀和伏波難陀龍王吐清淨水，灌太子身。因此，後世佛教徒紀念佛陀誕生的儀式，都在佛堂中或露天下淨地設灌佛盤，在盤中的蓮臺上安置着一手指天、一手指地的釋迦太子金像，然後灌以香水，以表示慶祝和供養，就叫做「浴佛」或「灌佛」。這一天是佛教四衆信徒的歡喜節日。

浴佛的儀式開始於印度，是從求福滅罪的一種宗教要求傳衍而來的。佛教以外，婆羅門教早有一種浴像的風俗，起源於印度人使精神清潔的思想。「大寶積經」卷一百記述這樣一個故事：舍衞城波斯匿王的女兒無垢施，於二月八日和五百婆羅門一道，持滿瓶水，出至城外，欲洗浴天像。這時許多婆羅門見諸比丘在門外立，認爲不吉祥，其中一個長者要求無垢施回到城內，但遭到她的拒絕。於是展開辯論，無垢施終於感化了五百婆羅門皈依了佛陀。可知浴佛來源於古印度的社會風俗。

唐義淨「南海寄歸內法傳」卷四「灌沐尊儀章」說：「大師雖滅，形像尚存，翹心如在，理應遵敬。或可香花每設，能生清淨之心；或可灌沐恒為，足蕩昏沉之業。……但西國諸寺，灌沐尊儀，每於禺中之時，授事便鳴楗椎（木製「打木」），寺庭張施寶蓋，殿側羅列香瓶。取金、銀、銅、石之像，置以銅、金、木、石盤內。令諸妓女奏其音樂，塗以磨香，灌以香水，以淨白氎而揩拭之，然後安置殿中，布諸花彩。此乃寺衆之儀。……至於銅像無論大小，須細灰磚末揩拭光明，清水灌之，澄華若鏡。大者月半、月盡合衆共為；小者隨己所能每須洗沐。斯則所費雖少，而福利尤多。其浴像之水，即舉以兩指瀝自頂上，斯謂吉祥之水。」

義淨所譯的「浴佛功德經」也只說日日澡沐尊儀，可以獲大利益，並未說專在佛生日舉行。所以贊寧於「僧史略」上「浴佛」條說：「然彼日日灌洗，則非生日之意。疑五竺多熱，僧既頻浴，佛亦勤灌耳。東夏尚臘八，或二月、四月八日，乃是為佛生日也。」

隨着佛教的輸入，浴佛的儀式很早就在中國流傳了。「吳書」卷四「劉繇傳」附記笮融事跡說：「笮融初聚衆數百，往依徐州牧陶謙。謙使督廣陵、彭城漕運。……乃大起浮屠祠。……每浴佛，多設酒飯，布席於路，經數十里，人民來觀及就食且萬人，費以巨億計。」這樣大規模的佛教儀式，大概就是中國「浴佛會」的濫觴。

後來這種浴佛的儀式逐漸流行於朝廷和仕宦之間，到了兩晉南北朝時代，各地普遍流行。後趙的國主石勒（三一九——三三二），爲他兒子祈福，曾舉行過浴佛。「高僧傳」卷十「佛圖澄傳」說：「石勒諸稚子，多在佛寺中養之。每至四月八日，勒躬自詣寺灌佛，爲兒發願。」「佛祖統紀」卷三十六宋孝武帝大明六年（四六二）條說：「四月八日，帝於內殿灌佛齋僧。」又「宋書」卷四十七「劉敬宣傳」說：「四月八日，敬宣見衆人灌佛，乃下頭上金鏡以爲母灌，因悲泣不自勝。」可見在公元五世紀以前，浴佛儀式已在我國各民族之間相當流行了。

我國浴佛的日期，古來有幾種不同的記載。一是二月八日，一是四月八日，還有一種是十二月八日。佛陀的誕生、出家、成道和涅槃，在印度南、北傳的「佛傳」裏雖都明記其月日，但各記載不一。「大唐西域記」（卷六、卷八），曾述上座部和諸部所傳的不同。據上座部傳，佛降胎在嗢呾羅頞沙荼月之三十日，相當我國五月十五日；誕生、出家、成道都在吠舍佉月後半十五日，相當我國三月十五日。諸部所傳降胎同於頞沙荼月的後半八日，相當我國五月八日；其他誕生等同於吠舍佉月的後半八日，相當我國三月八日。南傳佛誕則在逝瑟吒月後半八日（南傳「本生經」覺音序言），相當我國四月八日。印度曆法以黑月（從月既望到月晦）爲前半月，白月（從月朔到望）爲後半月。所謂「月盈至滿，謂之白分；月虧至晦，謂之黑分。黑分或十四日、十五日，月有大小故也。黑前白後，合為一月」（「西域記」卷二）。其月之下弦（當下半月之八日）在我國陰曆次月之上弦。我國漢譯佛經記載二月或四月，大抵辰以印度的某月當我國之月，又隨譯經時代曆法之差而傳爲二月或四月的。吠舍佉月後半八日，本相當於我國陰曆三月初八；而譯者則理解爲二月上弦，因傳爲二月八日。後來多從南傳的三月後半八日換算爲四月八日，於是佛誕四月八日之說就一般通用了。

從歷史的記載看來，後漢時笮融的浴佛日期未見明記；北朝多於四月八日浴佛。自梁經唐至於遼初，大抵遵用二月八日；宋代北方改用臘八，南方則用四月八日。後趙的石勒及劉宋孝武帝、劉敬宣等於四月八日浴佛，已如上述。梁時「荊楚歲時記」以二月八日爲佛誕。「續高僧傳」卷二十二唐「釋玄琬傳」說：「琬以二月八日大聖誕沐之辰，追惟舊緒，敬崇浴具。每年此日，開講設齋，大會道俗。」「遼史」卷五十三「禮志」記載，遼時以二月八日，爲悉達太子生辰。至宋代，浴佛儀式多在十二月八日舉行。宋贊寧「僧史略」卷上「佛誕生年代」條說：「今東京（宋都開封）以臘月八日浴佛，言佛生日。」贊寧以爲臘八恐怕是印度的節日，或者是用「多論」（「薩婆多毗尼毗婆沙」）的二月八日，臘月卽是周的二月。「翻譯名義集」卷三引「北山錄」云：「周之二月，今之十二月也。而大聖在乎周年，故得以十二月言正。」但也有明指臘八爲釋迦成道之日而浴佛的。如宋丹霞子淳禪師臘八上堂說：「屈指欣逢臘月八，釋迦成道是斯辰，二千年後追先事，重把香湯浴佛身。」（「丹霞子淳禪師語錄」）又宋祝穆「事文類聚」說：「皇朝東京十二月初八日，都城諸大寺作浴佛會，並造七寶五味粥，謂之『臘八粥』。」這是浴佛會和臘八粥相結合的記載，但江南一般多在四月八日浴佛。「歲時雜記」說：「諸經說佛生日不同，其指言四月八日生爲多，……故用四月八日灌佛也。今但南方皆用此日，北人專用臘月八日，近歲因圓照禪師（一〇二〇——一〇九九）來慧林（禪院），始用此日行『摩訶刹頭經』法；自是稍稍遵（之）。……其後宋都開封諸寺，多採用四月八日浴佛。」「東京夢華錄」卷八說：「四月八日佛生日，十大禪院各有浴佛齋會，煎香藥糖水相遺，名曰『浴佛水』。」元代的「幻住庵清規」及「敕修百丈清規」均制定四月八日爲釋迦如來誕辰，其後南北浴佛的日期就完全一致了。

關於浴像的方法，寶思惟譯的「浴像功德經」所說最爲清楚：「若欲浴像，應以牛頭旃檀、紫檀、多摩羅香、甘松、芎藭、白檀、郁金、龍腦、沉香、麝香、丁香，以如是種種妙香，隨所得者以爲湯水，置淨器中。先作方壇，敷妙床座，於上置佛。以諸香水次第浴之。用諸香水周遍訖已，復以淨水於上淋洗。其浴像者，各取少許洗像之水置自頭上，燒種種香以爲供養。初於像上下水之時，應誦以偈：『我今灌沐諸如來，淨智功德莊嚴聚；五濁衆生令離垢，願證如來淨法身。』」

我國叢林的浴佛，多依元代「敕修百丈清規」（一三三六年修）所定的儀式。但比

「敕修百丈清規」更早十九年的「幻住庵清規」（中峯明本一三一七年作）已經有所規定了。「敕修百丈清規」卷二「報本章」的「佛降誕」條，具體地規定浴佛的儀式說：「至四月八日，庫司嚴設花亭，中置佛降生像，於香湯盆內，安二小杓。佛前敷陳供養畢，住持上堂祝香云：『佛誕令辰，某寺住持……虔爇寶香，供養本師釋迦如來大和尚，上酬慈蔭。所冀法界衆生，念念諸佛出現於世。』住持說法竟，領衆同到殿上。住持上香三拜然後跪爐。維那白佛云：一月在天，影涵衆水；一佛出世，各坐一華。白毫舒而三界明，甘露洒而四生潤。……宣疏畢，唱『浴佛偈』（偈見如上「浴像功德經」）。」一面反復地唱偈言，一面讓僧衆進行浴佛。最後並以浴佛的功德回向於無上的佛果菩提。

明代的風俗大抵是繼承宋代的。據田汝成「熙朝樂事」記明代的風俗說：「四月八日，俗傳爲釋迦佛生辰。僧尼各建龍華會，以盆坐銅佛，浸以糖水，覆以花亭。」這種風俗到清代並無多大改變。按照「敕修百丈清規」，禪林在佛誕浴佛這一天，還有煎「香湯」和造「黑飯」供衆的習慣。「清規」卷四「兩序章」的「知殿」條：「佛誕日浴佛，煎湯供大衆。」卷七「節臘章」的「月分須知」條：「四月初八日，佛誕浴佛，庫司預造黑飯，方丈請大衆夏前點心。」是這種遺規後來雖已不通行了，但以四月八日爲佛誕，舉行浴佛儀式，則至今不替。

一〇、行像

林子青

「行像」是用寶車載着佛像巡行城市街衢的一種宗教儀式。贊寧的「大宋僧史略」上說：「行像者，自佛泥洹，王臣多恨不親睹佛，由是立佛降生相，或作太子巡城相。」這是佛教「行像」的起源。

五世紀初，法顯旅行印度時，在西域和印度都曾親見行像的儀式。他到于闐時，住在瞿摩帝寺，據「法顯傳」說：「法顯等欲觀行像，停三月日，其國（于闐）中十四大僧伽藍，不數小者，從四月一日，城裏便掃灑道路莊嚴巷陌。其城門上張大幃幕，事事嚴飾。王及夫人采女皆住其中。瞿摩帝僧是大乘學，王所敬重，最先行像。離城三四里作四輪像車，高三丈餘，狀如行殿，七寶莊校，懸繒幡蓋，像立車中，二菩薩侍，作諸天侍從，皆以金銀雕瑩，懸於虛空，像去門百步，王脫天冠，易著新衣，徒跣持花香，翼從出城迎像，頭面禮足，散花燒香。像入城時，門樓上夫人采女遙散衆華，紛紛而下，如是莊嚴供具，車車各異，一僧伽藍則一日行像，自月一日爲始，至十四日行像乃訖，王及夫人乃還宮耳。」

法顯到印度摩揭提國巴連弗邑村時，也看到當地的行像。此國「年年常以建卯月（二月）八日行像，作四輪車，縛竹作五層，有承櫨偃戟高二丈許，其狀如塔。以白氎纏上，然後彩畫作諸天形像，以金銀琉璃莊嚴。其上懸繒幡蓋，四邊作龕，皆有坐佛菩薩立侍。可有二十車，車車莊嚴各異，當此日境內道俗皆集，作倡伎樂，華香供養。婆羅門子來請佛，佛次第入城；入城內再宿，通夜燃燈伎樂供養。國國皆爾。」（「法顯傳」）

西域行像在佛生日以外也有舉行的，七世紀時玄奘赴印度留學到屈支國（即今庫車）時，曾見到行像的儀式，「大唐西域記」卷一「屈支國」條：「大城西門外，路左右各有立佛像，高九十餘尺，於此像前，建五年一大會處，每歲秋分數十日間，舉國僧徒皆來會集，上自君王，下至士庶，捐廢俗務，奉持齋戒，受經聽法，竭日忘疲。諸僧伽藍莊嚴佛像，瑩以珍寶，飾之錦綺，載諸輦輿，謂之『行像』，動以千數，雲集會所。」

第四世紀以後，我國佛經翻譯漸備，信仰亦次第普及，造像風氣大興，除銅像外，還有木像和夾紵像，行像的儀式也自西域傳入了。據「魏書．釋老志」說，世祖初即位（四二四），亦遵太祖太宗之業，於四月八日，與諸寺佛像，行於廣衢，帝親御門樓臨觀散華，以致禮敬。至孝文帝時於太和二十一年（四九七），詔迎洛京諸寺佛像於閶闔宮中，受皇帝散華禮敬，歲以爲常例（「佛祖統紀」卷三十八）。又「洛陽伽藍記」卷三「城南景明寺」條說：「景明寺，景明年中立，因以爲名。……四月七日京師諸像皆來此寺。尚書祠部曹錄像凡有一千餘軀，至八日節，以次入宣陽門，向閶闔宮前，受皇帝散華。於時金華映日，寶蓋浮雲，旛幢若林，香煙似霧，梵樂法音，聒動天地；百戲騰驤，所在駢比；名僧德眾，負錫爲羣，信徒法侶，持花成藪；車騎塡咽，繁衍相傾。時有西域胡沙門見此，唱言佛國。」可見當時行像儀式的盛大了。

自南北朝至於唐、宋，行像的風氣漸次推廣，四川、湖廣、西夏各地都見流行，行像亦稱爲「行城」或「巡城」。「法苑珠林」卷三十一「潛遁篇感應錄」說：「（劉）宋岷山通靈寺有沙門邵碩……以宋初出家入道，自稱碩公。……與四月八日，成都行像，碩於衆中匍匐作獅子形。」宋陳元靚「歲時廣記」卷二十引「荆楚歲時記」說：「二月八日，釋氏下生之日，迦文成道之時，信捨之家建八關齋戒，車輪寶蓋，七變八會之燈。至今二月八日平旦，執香花繞城一匝，謂之行城。」唐韓鄂的「歲時記麗」卷一「二月八日」條所引與上略同。又「僧史略」卷上「行像」段說：「又景興尼寺金像出時，詔羽林一百人擧輦，伎樂皆由內給。又安居畢，明日總集，旋繞村城，禮諸制底；棚車輿像，幡花蔽日，名曰三摩近離（此曰和集）。斯乃神州行城法也。」

到了宋代，行像一般似多行於北方。據「僧史略」卷上說：「今夏臺靈武，每年二月八日，僧載（一作戴）夾紵佛像，侍從圍繞，幡蓋歌樂引導，謂之巡城。以城市行市爲限，百姓賴其消災也。」但北方也有在四月八日行像的。「歲時廣記」卷二十引「燕北雜記」說：「四月八日，京府及諸州各用木雕悉達太子一尊，城上舁行，放僧尼、道士、庶民行城一日爲樂。」

「遼史」卷五十三「禮志」說：「二月八日，爲悉達太子生辰，京府及諸州雕木爲像，儀仗百戲導從，循城爲樂。」但「契丹國志」卷二十七則以四月八日爲佛誕。

按自唐至宋初，一般似多用二月八日爲佛誕。遼代建國之初，亦見沿用；後來採用四月八日，也許是受江南的影響。元、明以後，行像雖少記錄，但近世西藏和五臺山等處，每年仍有行像的儀式。至於大江南北行像的風俗就爲浴佛的儀式所代替了。

一一、讚唄

林子青

讚唄或稱梵唄與印度歌讚之法並不相同，因爲梵音和漢語的構造有異，無論用梵腔以咏漢語，或用漢曲而歌梵聲，都有困難。故佛教傳入中國之初，譯經事業雖漸發達，而梵土歌唄却未獲傳授。梁慧皎說：「自大教東來，乃譯文者衆，而傳聲蓋寡。良由梵音重複，漢語單奇。若用梵音以咏漢語，則聲繁而偈迫；若用漢曲以咏梵文，則韻短而辭長。是故金言有譯，梵響無授。」（「高僧傳」卷十五「經師論」）

一般讚唄是用以歌咏譯本經典中讚嘆三寶的聲調。唄是梵語的音譯，又稱婆陟、唄匿。印度原來統稱歌咏十二部經，不管長行、偈頌都謂之唄。傳來中國之後，將歌咏長行別開爲轉讀，唄乃專指歌咏讚偈而言，故謂之讚唄。慧琳「一切經音義」（卷八十一）稱爲「唄唱」，訓釋爲梵讚聲。因其取法古印度的歌讚而變化之，故稱梵唄，有時略稱爲梵。如慧皎所說：「東國之歌也，則結韻以成咏；西方之讚也，則作偈以和聲。雖復歌讚爲殊，而並以協諧鐘律，符靡宮商，方乃奧妙。故奏歌於金石，則謂之以爲樂；設讚於管弦，則稱之以爲唄。」（「高僧傳」卷十五）道世也說：「西方之有唄，猶東國之有讚。讚者從文以結音，唄者短偈以流頌，比其事義名異實同。是故經言：以微妙音聲歌讚於佛德，斯之謂也。」（「法苑珠林」卷三十六「唄讚篇」）

中國讚唄的起源，相傳始於曹魏時代，陳思王曹植嘗遊魚山（一作漁山，在今山東東阿縣境），聞空中有一種梵響，清揚哀婉，獨聽良久，深有體會，乃摹其音節，寫爲梵唄，撰文制音，傳爲後式。其所制梵唄凡有六契（章）。後世所傳「魚山梵」，卽其遺制（「法苑珠林」卷三十六）。其後支謙亦傳有梵唄三契，康僧會復造有泥洹梵唄，晉帛尸梨蜜多羅也以梵唄傳於覓歷，曇籥又造有六言梵唄，當時名師所作的唄讚，到了六朝的齊梁時代，還多有存在。

此後，熱心提倡讚唄的要推南齊竟陵王蕭子良，梁僧祐「出三藏記集」卷十二列舉他所著述，在「淨住子」十卷、「講淨住記」一卷以外，有「讚梵唄偈文」一卷、「梵唄序」一卷、「轉讀法並釋滯」一卷等。僧祐的「法苑雜緣原始集・經唄導師集」，列舉了二十一種當時有關梵唄的書目，其中有陳思王（曹植）感魚山梵聲製唄記、支謙製連句梵唄記、康僧會傳泥洹唄記、覓歷高聲梵記、齊文皇帝製法樂讚、王融製法樂歌辭、竟陵文宣撰梵禮讚等，可惜這些著作後來都不傳（「出三藏記集」卷十二）。

讚唄主要用於三方面。一、講經儀式，二、六時行道（後世朝暮課誦），三、道場懺法，所謂法集三科。這三科法事，創始於晉時道安，至今已有一千五百餘年的歷史。道安制定的僧尼軌範：一曰行香定座上經上講之法（卽講經儀式），二曰常日六時行道飲食唱時法（卽六時課誦二時齋粥儀式），三曰布薩差使悔過等法（卽道場懺法儀式）。

在佛教講經、受戒、誦經等一切宗教儀式進行中擧唱梵唄，稱爲「作梵」。這種梵音具有止息喧亂便利法事進行的作用，故又義譯爲止斷或止息（「釋氏要覽」上）。講經法會的成員，有法師、都講、香火、維那、梵唄等，各有專職（「開元釋教錄」卷六「勒那摩提傳」），梵唄卽歌讚專職之人。

講經時的讚唄，一般行於講前講後。宋元照「四分律行事鈔資持記」卷三十九記講經應遵行的節目說：初禮三寶、二昇高座、三打磬靜衆、四讚唄、五正說、六觀機進止、七說竟回向、八復作讚唄、九下座禮辭。圓仁入唐所見「赤山院講經儀式」的實際順序是：打講經鐘，大衆上堂。講師上堂登高座間，大衆同音稱嘆佛名。講師登座訖，稱佛名便停；一僧開始「作梵」，唱「云何於此經」一行偈。梵唄訖，講師唱經題目。講經，講訖，大衆同音長音讚嘆；讚嘆語中有回向詞。講師下座，一僧唱「處世界，如虛空」偈（「入唐求法巡禮行記」卷二）。講經法會中的讚唄一職，有時亦可由聽衆任之。唐僧徹每入麟德殿講經，懿宗曾因法集，躬爲讚唄（「宋高僧傳」卷六「僧徹傳」）。

六時行道的讚唄，爲古來各宗所共遵行。近世禪林的朝暮課誦，猶可見其遺風。至於道場懺法，旨在化導俗衆，其儀式尤重歌咏讚嘆。隋智顗「法華三昧懺儀」第八「明行道法」述行道次第是：禮佛、正身威嚴、燒香散華、稱念佛名、誦經。行道欲竟，稱三寶名，燒香正念作契唄。唄竟，唱「三皈依文」。此爲懺法上應用讚唄最古的記載。

讚唄的咏唱並不限於講經、行道，一般齋會也是常行的。唐大曆中（七六六——七七九）宋州刺史徐向等就本州設「八關齋會」（八關卽八戒，居家信徒一日一夜所受之戒法），曾飯千僧於開元寺，其餘官民又各設一千五百人、五百人、五千人之齋會。當時「法筵等供，仄塞於郊坰；讚唄香花，喧塡於晝夜」。讚唄之盛行於民間可知（見「金石萃編」卷九十八顏眞卿撰「八關齋會報德記」）。此外唐代譯經道場置有「梵唄」一位，與譯主、筆受、譯語、潤文、證義、校勘等同爲譯場九種職位之一。宋贊寧記載此事說：「法筵肇啓，梵唄前興，用作先容，令生物善。唐永泰中（七六五），方闢此位也。」（「宋高僧傳」卷三「譯經篇論」）

讚唄流傳以後，其音調亦因地域而有參差，主要的有南北之別。道宣記載唐代的情況說：「地分鄭衞，聲亦參差。然其大途，不爽常習。江表（長江以南）關中（北方長安地域），巨細天隔，豈非吳越志揚、俗好浮綺，致使音頌所尙，唯以纖婉爲工？秦壤雍冀音詞雄遠，至於咏歌所被，皆用深高爲勝。……京輔常傳，則有大小兩梵；金陵昔弄，亦傳長短兩引，事屬當機，不無其美。劍南隴右，其風體秦。」他又對江表關中的梵讚加以比較說：「若都集道俗，或傾國大齋，行香長梵，則秦聲爲得。五衆常禮，七貴恒興，開發經講，則吳音抑在其次。」（「續高僧傳」卷四十「雜科・聲德篇」）。可知南北梵音，各有特長。到了宋代贊寧論梵音所以有南北二體，由於授受的淵源不同。他說：「原夫經傳震旦，夾譯漢庭。北則竺蘭，始直聲而宣剖；南惟僧會，揚曲韻以弘通。蘭乃月氏之生，會則康居之族。……部類行事不同，或執親從佛聞，更難釐革；或稱我宗自許，多決派流。致令傳授各競師資，此是彼非、我眞他謬；終年矛盾，未有罷期。」（「宋高僧傳」卷二十五「讀誦篇論」）

唐代以前流行的讚唄，如「如來唄」（亦稱「如來梵」）、「云何唄」（亦稱「云何梵」）和「處世唄」，及「菩薩本行經」讚佛偈：「天上天下無如佛」等。「如來梵」有二偈，出「勝鬘經」。其一爲「如來妙色身，世間無與等；無比不思議，是故今敬禮」。其二爲「如來色無盡，智慧亦復然；一切法常住，是故我歸依」。此二偈爲行香讚佛時所唱，亦稱「行香梵」。「云何梵」亦有二偈，出「涅槃經」。卽「云何得長壽，金剛不壞身？復以何因緣，得大堅固力？云何於此經，究竟到彼岸；願佛開微密，廣爲衆生說」。「處世梵」，出「超日明經」。卽「處世界，如虛空，如蓮花，不着水；心淸淨，超於彼，稽首禮，無上尊」。

梵唄普通分爲三節，卽初唄、中唄、後唄。「如來唄」前一偈「如來妙色身」偈文，唱於一般法事之初，稱爲初唄。若講經法會，則以「云何唄」第二偈「云何於此經」偈文爲初唄，亦稱爲「開經梵」（見「釋氏要覽」上「梵音」）。「如來唄」後偈「如來色無盡」偈文及「天上天下無如佛」讚佛偈，係法事中間所唱，稱爲中唄。「處世唄」用於法事之後，稱爲後唄。圓仁記「赤山院講經儀式」：「講師登座訖，一僧作梵。即『云何於此經』等一行偈，至『願佛開微密』句，大眾同音唱云：戒香、定香、解脫香等頌。講訖，講師下座。一僧唱『處世界、如虛空』偈，音勢頗似本國。」（「入唐求法巡禮行記」卷二）。此中「云何梵」與「處世梵」兩個讚唄，至元時猶見流行（見「敕修百丈清規」卷五「沙彌得度」儀式）。但近世講經，已改唱「鐘聲偈」、「回向偈」代替「云何梵」和「處世梵」了。

古來佛教認爲學習讚唄有許多功德：一能知佛德深遠，二體制文之次第，三令舌根清淨，四得胸藏開通，五則處眾不惶，六乃長命無病（「南海寄歸傳」卷四「讚咏之禮」）。所以名山大刹，於休夏安居之時，定習唱讚頌爲日課，名之爲「學唱念」。故佛寺讚唄一科，今通稱爲「唱念」。

唱念的內容，除「水陸道場儀軌」及「瑜伽焰口」等屬於應赴佛事外，古德讚頌多於課誦、祝延等舉唱。一般最流行者是六句讚及八句讚等。六句讚是南北通行的讚詞，其讚由六句二十九字構成，故稱六句讚。代表作品爲「爐香乍爇．香讚」。其餘佛菩薩、韋馱、伽藍等讚詞，多用六句形式，故此讚韻調流行最廣。「香讚」還有數種，即「戒定眞香」、「寶鼎爇名香」、「戒定慧解脫香」等；北方另有一種讚譜名「迓古令」，讚詞共有十條，亦名十供養讚，卽香、花、燈、塗、果、茶、食、寶、珠、衣，各係一讚。第一讚「清淨妙香」，共四句二十字，可用六句讚譜唱念。此等「香讚」多於法事開始時唱之，以啓請諸佛故。

八句讚係由八句讚詞構成，多於誦經之後法事中間唱之，亦稱爲大讚。如「三寶讚」（有佛寶、法寶、僧寶三讚）、「彌陀佛讚」、「藥師佛讚」等，都以八句構成。近世禪林流行的讚唄，有「四大祝延」、「八大讚」，卽「唵嘛呢叭咪吽」、「唵捺麻巴葛瓦帝」、「唵阿穆伽」、「佛寶」、「西方」、「十供養」等讚，都是佛寺僧衆於佛誕、安居等常唱的名讚。唱念方法的記譜法，只用點板，以鐺鉿等敲唱。其音量之大小、音階之高低及旋律過門等，均依口授。

一二、水陸法會

林子青

水陸法會，略稱水陸會，又稱水陸道場、悲濟會等，是中國佛教經懺法事中最隆重的一種。這種法事是由梁武帝的「六道慈懺」（「即梁皇懺」）和唐代密教冥道無遮大齋相結合發展起來的。「水陸」之名，始見於宋遵式（九六四——一〇三二）的「施食正名」，謂係「取諸仙致食於流水，鬼致食於淨地」（見「金園集」卷四）。

宋宗鑒「釋門正統」卷四說：「所謂水陸者，因梁武帝夢一神僧告曰：『六道四生，受苦無量，何不作水陸（大齋）普濟羣靈？』帝因誌公之勸，搜尋貝葉，日夜披覽；及詳阿難遇面然鬼王建立平等斛食之意，用製儀文，遂於潤州（今鎮江）金山寺修設。帝躬臨地席，命僧佑禪師宣文。」其年代或說在天監七年（五〇八、據「事物紀原」），或說在天監四年五〇五，據「佛祖統紀」等）。經過周、隋各代，其傳漸衰。至唐咸亨中（六七〇——六七三）西京法海寺道英從吳僧義濟得其儀文，遂再興法會於山北寺（「釋氏稽古略」卷三）。宋蘇軾重述「水陸法像讚」，後謂之「眉山水陸」。熙寧中（一〇六八——一〇七七），東川楊鍔祖述舊規，又製儀文三卷（佚失），行於蜀中，最爲近古。江淮京浙，所用像設一百二十位者，是後人踵事增華，以崇其法。

宋元豐七、八年間（一〇八四——一〇八五），佛印（了元）住金山寺時，有海賈到寺設水陸法會，了元親自主持，大爲壯觀，遂以「金山水陸」馳名。紹聖三年（一〇九六）宗賾刪補詳定諸家所集，完成「水陸儀文」四卷，普勸四衆，依法崇修。今其文亦不傳，僅可從其所撰「水陸緣起」一文，得知其內容一斑（見「施食通覽」）。

南宋乾道九年（一一七三），四明人史浩嘗過鎭江金山寺，慕水陸齋法之盛，乃施田百畝，於四明東湖月波山專建四時水陸，以爲報四恩之舉；且親製疏辭，撰集儀文。孝宗聞之，特給以「水陸無礙道場」寺額。月波山附近有尊教寺，師徒道俗三千人，施財置田，一遵月波山四時普度之法。衆更力請志磐續成「水陸新儀」六卷，推廣齋法。並勸十方伽藍，視此爲法，大興普度之道（「佛祖統紀」卷三十三）。

水陸法會自宋代流行以後，很快地普及於全國，特別成爲戰爭以後朝野常行的一種超度法會。宗賾「水陸緣起」說：「今之供一佛、齋一僧，尚有無限功德，何況普通供養十方三寶、六道萬靈，豈止自利一身，亦乃恩沾九族。……所以江淮兩浙、川廣、福建，水陸佛事，今古盛行。或保慶平安而不設水陸，則人以爲不善。追資尊長而不設水陸，則人以爲不孝。濟拔卑幼而不設水陸，則人以爲不慈。由是富者獨力營辦，貧者共財修設。」這是後世所謂「獨姓水陸」與「衆姓水陸」的淵源。

宋代以後，著名的水陸法會見於記載者，如宋元祐八年（一〇九三）蘇軾爲亡妻王氏設水陸道場（「東坡後集」卷十九）。紹興二十一年（一一五一）慈寧太后施錢爲眞歇清了於杭州崇先顯孝寺修建水陸法會（正覺「眞歇了禪師塔銘」）。同時王機宜爲亡弟留守樞密興建水陸佛事於蔣山太平興國寺，應庵曇華（一一〇三——一一六三）曾爲升座說法（「應庵曇華禪師語錄」卷五）。

元代延祐三年（一三一六），朝廷設水陸大會於金山寺，命江南教、禪、律三宗諸師說法，參加僧衆一千五百人，徑山元叟行端有「朝廷金山作水陸升座」法語（行悅「列祖提綱錄」卷十六）。至治二年（一三二二）所修水陸法會，規模尤大。正印「金山大會歸上堂」：「金山大會，誠非小緣。山僧得與四十一人善知識，一千五百比丘僧，同入如來大光明藏，各說不二法門，共揚第一義諦。」（「月江正印禪師語錄」卷上；又有「朝廷金山寺建水陸會升座」法語，見「列祖提綱錄」卷十六）。此外大都（今北京）昊天寺、五臺山、杭州上天竺寺等南北各地，亦都曾舉行盛大水陸法會。又元代四川華嚴學者痴庵祖覺住眉州中岸寺，嘗修「水陸齋儀」行世（「大明高僧傳」卷二），其時流行於四川可知。

明初洪武元年至五年（一三六八——一三七二），相繼於南京蔣山設廣薦法會，即水陸法會。其中以洪武五年（一三七二）正月所修法會之規模爲最大。前後法會均請四方名德與會。如楚石梵琦、季潭宗泐、來復見心、東溟慧日、夢堂曇噩等，均曾應邀赴會說法，參加僧衆常達千人。太祖曾命宗泐作「讚佛樂章」八曲，使太常奏曲歌舞；太祖與羣臣均赴會禮佛。法會儀式，具見於宋濂「蔣山寺廣薦佛會記」。以上是歷代水陸法會舉行的概況。

關於水陸道場的儀式，從現存十三世紀時日僧承澄（一二〇五——一二八二）所輯「阿娑縛抄」卷一百六十六中的「冥道供」一文看（冥道卽水陸的異名），其壇場布置、形象配列、法器供物及法事進行等儀式，與今「水陸儀軌」大致相同。宗賾嘗謂楊鍔祖述舊觀，撰「水陸儀」三卷行於蜀中，頗存古法，可能卽是採取密教冥道儀軌而寫成的。楊鍔「水陸儀」原本已失，但據「施食通覽」所引有「初入道場敍建水陸意」，宜白召請上堂八位聖衆，宜白召請下堂八位聖凡等。稍後，蘇軾「水陸法象讚序」中說：水陸道場隨世增廣，唯蜀人頗存古法，像設猶有典型。「虔召請於三時，分上下八位」云云（「東坡後集」卷十九）。其中上堂八位與下堂八位的名稱與「水陸儀」一致，可知二者前後有關係。宗賾撰「水陸緣起」，則敍述更詳。他說水陸供養的對象分上中下，上則供養法界諸佛、諸位菩薩、緣覺、聲聞、明王、八部、婆羅門仙，次則供養梵王帝釋二十八天、盡虛空宿曜一切尊神。下則供養五岳河海大地龍神、往古人倫、阿修羅衆、冥官眷屬、地獄衆生、幽魂滯魄、無主無依諸鬼神衆、法界旁生。六道中有四聖六凡，普通供養。……未發菩提心者，因此水陸勝會，發菩提心。未脫苦輪者，因此得不退轉。未成佛道者，因此水陸勝會，得成佛道。

明代江浙之間，有北水陸和南水陸之分。四明所行的南宋志磐續成的「水陸新儀」爲南水陸。而金山舊儀，則稱爲北水陸。明末袾宏不從北而從南，卽依志磐「新儀」，稍事改削，行於杭州（智旭「水陸大齋疏」見「靈峯宗論」卷七之四）。

清儀潤依袾宏之意，詳述水陸法會作法規則，撰成「法界聖凡水陸普度大齋勝會儀軌會本」六卷，成爲現行水陸法會儀式的手册。其後咫觀更就袾宏「水陸儀軌」詳細增補論述，成「法界聖凡水陸大齋普利道場性相通論」九卷，略稱「鷄園水陸通論」；此外又撰「水陸道場法輪寶懺」十卷。皆爲現行水陸法會之所取則。

其法事內容，在七晝夜之間，主要爲結界灑淨、遣使發符、請上堂、供上堂、請下堂、供下堂、奉浴、施食、授戒、送聖等。上堂三寶十位聖賢，奉請於午前；下堂聖凡十位神靈，召請於初夜（「水陸儀軌」卷二）。此儀式中的上下堂十位，卽依舊制上下堂八位增訂而成（「普說水陸緣起」見「水陸儀軌」卷二）。其上堂十位是：十方常住一切諸佛、十方常住一切尊法、十方常住諸菩薩僧等。下堂十位是：十方法界四空四禪六欲諸天天曹聖衆、五岳四瀆福德諸神等。

至於現行水陸法會壇場的布置、念誦經典及其人數，牌軸的規定和進行的程序等，依「鷄園水陸通論」等所說，法會壇場分爲內壇和外壇。法事以內壇爲主，像設布置香花供養，力求莊嚴。正中懸掛毗盧遮那佛、釋迦牟尼佛、阿彌陀佛三像，下置供桌，羅列香花燈燭果品供物。其前安置長方臺四只成四方形，臺上分置銅磬、斗鼓、鐃鈸、手鈴及儀軌等，爲主法、正表、副表、齋主四人所用。四圍繞以布幕，將內壇分成三間。兩側分掛上堂、下堂各十位水陸畫像。畫像之下列插牌竿，詳記每位聖凡名稱。牌上皆畫寶蓋，下畫蓮花，中用黃紙；下堂則用紅紙以爲區別。

外壇有六個壇場：大壇二十四人，專門禮拜「梁皇寶懺」。諸經壇七人，諷誦諸經。「法華」壇七人，專誦「妙法蓮華經」。淨土壇七人，稱念阿彌陀佛名號。「華嚴」壇二人，靜閱「大方廣佛華嚴經」。瑜伽壇，亦稱施食壇，爲夜間施放焰口之用，人數由各壇臨時調用。此外監壇一人，共計四十八人。

內外壇法事一般爲七日（內壇亦有五日者，則自第三日起）。其進行程序：第一日三更，外壇灑淨，四更內壇結界，五更遣使建旛（旛上書「修建法界聖凡水陸普度大齋勝會功德寶旛」，高懸於大雄寶殿左前方的剎竿上）。第二日四更，請上堂，五更奉浴。第三日四更供上堂，五更請赦。午刻齋僧。第四日三更，請下堂，四更奉浴，五更說戒。第五日四更，誦「信心銘」，五更供下堂，午刻齋僧。第六日四更，主法親祝上下堂，午前放生。第七日五更，普供上下堂，午刻齋僧，未時迎上下堂至外壇，申時送聖，水陸法會即告圓滿。法會期間，自第一夜起，每夜於瑜伽壇各放焰口一臺，至第六夜則放五方焰口，內壇水陸法師及諸壇僧衆均參與法事，爲水陸法會儀式的頂點，以後即從事結束。

一三、懺法

林子青

懺法是悔除所犯罪過以便積極修行的一種宗教儀式。

中國佛教中的懺法，起源於晉代，漸盛於南北朝，至隋、唐大爲流行。唐道宣說：「諸佛善權方便，立悔罪之儀。道安、慧遠之儔，命駕而行玆術。南齊司徒竟陵王，制布薩法淨行儀，其類備詳，如別所顯。」（「廣弘明集」卷二十八「悔罪篇序」）宋淨源更詳細說：「漢魏以來，崇玆懺法，未聞有其人者，實以教源初流，經論未備。西晉彌天（道安）法師，嘗著四時禮文；觀其嚴供五悔（卽懺悔、勸請、隨喜、囘向、發願）之辭，尊經尚義，多摭其要。故天下學者，悅而習焉。陳、隋之際，天臺智者撰「法華懺法」、「光明」（卽「金光明懺法」）、「百錄」（「國清百錄」），具彰逆順十心（卽順生死流和逆生死流各十種心）。規式頗詳，而盛行乎江左矣。」（「圓覺經道場略本修證儀」）

懺法盛行南北朝的齊、梁時代。元智松柏庭述「梁皇懺法」的起源及其意義說：「世尊愍念四衆，爲說『觀藥王藥上二菩薩經』，命禮諸佛，洗清障垢，依教奉行，俱獲解脫。聖言雖在，凡情罕知。南朝齊武帝永明間（四八三——四九三），文宣王蕭子良撰『淨住子』二十卷，分淨行法爲三十門，未及流通，卽罹變故。梁天監時（五〇二——五一九），具德高僧刪去繁蕪，撮其樞要，採摭諸經妙語，改集十卷悔文，總列四十品章。前爲六根三業，皈依斷疑，懺悔解冤；後及六道四恩，禮佛報德，回向發願。其中正以露纏結罪，滌過去之惡因，復憑發菩提心，植當來之種智。由蕭梁武帝之創修，俗稱『梁皇寶懺』。」（「慈悲道場懺法序」）。

自那時以來，採用大乘經典中懺悔和禮讚內容而成的懺法，以種種形式流行，從而產生許多禮讚文和懺悔文，至智顗時遂具備了獨自的形式。智顗於所著「摩訶止觀」卷二說四種三昧，第三半行半坐三昧，卽法華三昧，爲修習止觀的重要行法。智顗的懺法，卽要把這三昧體現出來，因此，他依「法華經」的「普賢菩薩勸發品」和「普賢觀經」而成的「法華三昧懺儀」，旣是修行的方法，同時也是懺悔的儀式。其內容分爲嚴淨道場、淨身、三業供養、奉請三寶、讚嘆三寶、禮佛、懺悔、行道旋繞、誦法華法、思惟一實境界（卽坐禪實相正觀）等十法，可說是將「普賢觀經」之說加以具體化（津田左右吉「智顗的法華懺法」，見「支那佛教之硏究」二百九十三頁）。「法華懺法」所依據的「普賢懺」，劉宋的僧苞、道冏和北齊的靈侶都曾依以修行。至持「法華經」行懺法者，則姚秦的竺曇邃，宋的法宗、普明，齊的弘明、僧侯，以及隋的僧映等。其和智顗同時代的，則有南岳的慧思及其門下的大善、慧勇、慧誠以及唐代吉藏、法誠、法喜、智琰等。其後智顗一系以外的佛徒，修行法華懺法者尙不勝枚舉（「高僧傳」卷十二，「續高僧傳」卷十

一、十七，「弘贊法華傳」卷三、六、七，「法華傳記」卷四、七）。

此外，「藥師懺法」、「金光明懺」以及「方廣懺悔滅罪經」等，在宋、梁之間也開始流行。如道宣律師說：「至如藥師行事，源出宋朝（劉宋），比用在疑，頗存沿俗。……又有普賢別行，金光總懺，名歸清衆，事乖通俗。……梁初方廣（「方廣懺悔滅罪經」），源在荆襄，本以厲疾所投，祈誠悔過，能使像手摩頭，所苦欻然平復。因疾相重，遂廣其塵；乃依約諸經，抄撮成部。」（「續高僧傳」卷二十九「興福篇論」）此後懺法的著作漸出。有梁高祖（武帝）「摩訶般若懺文」、「金剛般若懺文」、陳宣帝「勝天王般若懺文」、陳文帝「妙法蓮華經懺文」、「金光明懺文」、「大通方廣懺文」、「虛空藏菩薩懺文」、「方等陀羅尼齋懺文」、「藥師齋懺文」、「娑羅齋懺文」等（「廣弘明集・悔過篇」）。

隋、唐之間，佛教宗派漸起，各派依所宗經典撰成種種懺悔行法。如天臺宗除上述「法華三昧懺儀」外，還有「方等三昧行法」（智顗說，灌頂記）、「請觀世音懺法」、「金光明懺法」（智顗撰）等（見「國清百錄」）。三階教有「七階佛名」，又稱爲「禮佛懺悔文」，或「晝夜六時發願法」（信行撰）。淨土宗有「淨土法事讚」（善導撰）、「五會念佛略法事儀讚」（法照撰）等。華嚴宗有唐宗密的「圓覺經道場修證儀」十八卷，稱爲廣本；宋淨源略爲一卷，稱爲略本。又有「華嚴經海印道場九會諸佛儀」，略稱「華嚴懺法」，是西夏一行法師所撰、宋普瑞補注的。

密宗有不空三藏法師譯「佛說三十五佛名禮懺文」，及燉煌三藏譯的「佛說決定毘尼經」（此二經是同經異譯），依照此經的啓示，罪業深重的人，於三十五佛前，以四力（拔除、依止、對治、防護力）懺悔，是消除業障的最妙方法。三十五佛，就是大懺悔文（八十八佛）中，從「釋迦牟尼佛」至「寶蓮華善住沙羅樹王佛」（此三十五佛像，臺北「佛教書局」有流通），詳細請閱「佛教大藏經」第四册六五四頁說明。

此外唐末知玄（卽悟達國師八〇九——八八一）抄錄宗密「圓覺經修證儀」述「慈悲水懺法」三卷，至今猶流行。又在唐開元間（七一三——七四一），智昇更集成「集諸經禮懺儀」二卷，是各種懺法儀式最初的綜合刊本。

宋代是懺法全盛的時代。天臺巨匠四明知禮（九六〇——一〇二八）、慈雲遵式（九六四——一〇三二）、與東湖志磐（？——一二七〇）俱廣作懺摩，攝化道俗。因爲這些天臺宗學者，繼承智顗遺法，都認爲禮懺是修習止觀的重要行法。故知禮住延慶寺數十年，講學之外，專務懺儀，計修「法華懺法」三七日爲期前後五遍，「光明懺法」七日爲期二十遍，「彌陀懺法」七日爲期五十遍，「請觀音懺法」七七日爲期八遍，「大悲懺法」三七日爲期十遍。他著有「金光明最勝懺儀」、「大悲懺儀」、「修懺要旨」各一卷（「佛祖統紀」卷八）。最後一種「修懺要旨」是宋天禧五年（一〇二一）依眞宗命爲國家修「法華懺法」之時，答使者兪源清之問而述（見「釋門正統」卷二）。遵式與知禮同門，居杭州慈雲寺，亦廣修懺法，稱爲慈雲懺主。他撰有「金光明懺法補助儀」，對智顗的「金光明懺法」詳加補充；又因智顗「方等三昧行法」一書，自唐季流出海外，其時行法半任臆裁；至宋咸平六年（一〇〇三），日僧寂照齎至，遵式以此書「雖東國重來，若西乾新譯，載披載沃，適奉醍醐」。特作序重刊，流行於世（「方等三昧行法序」）。南宋天臺學者志磐，除撰有「佛祖統紀」外，更於四明東湖撰「水陸道場儀軌」（參照本書「水陸法會」條目」），盛行於世。又元照撰有「蘭盆獻供儀」一卷，亦爲存亡露過陳悔的懺法之一。

金代王子成（慶之）集淨土因緣爲「禮念彌陀道場懺法」，略稱「彌陀懺法」十卷。據他自序謂「依梁武懺之儀軌，闡彌陀教之功德。。千佛備列，聖衆全彰」云云。元至順三年（一三三二），高麗三藏旋公捐資並募衆緣重刊，遂廣行於世。

明代洪武之初，太祖屢建法會於南京蔣山，超度元末死難人物。洪武五年（一三七二）的廣薦佛會，太祖親臨燒香，最後並命軌範師行瑜伽焰口施食之法（宋濂「蔣山廣薦佛會記」）。其後懺法廣泛流行。舉行懺法儀式，成爲僧侶的職業。僧侶以赴應世俗之請而作佛事的，稱爲應赴僧。這些僧人以行瑜伽三密行法，又稱爲瑜伽教僧，略稱教僧。洪武十五年（一三八二）制定佛寺爲禪、講、教三宗制度，並於南京能仁寺開設應供道場，令京城內外大小應赴寺院僧人集中學習，作成一定佛事科儀。洪武十六年（一三八三），由僧錄司頒行。

到了明末，雲棲袾宏廣作懺法，重訂「水陸道場儀軌」，修訂「瑜伽集要施食壇儀」，又名「瑜伽集要施食儀軌」，並撰「施食補注」（即近代流行的「水陸」與「焰口」），影響所及，又有許多懺法出現。明受登撰「準提三昧行法」及「藥師三昧行法」各一卷。智旭撰「占察善惡業報經行法」、「讚禮地藏菩薩懺願儀」（即「地藏懺法」）各一卷。禪修撰「依楞嚴究竟事懺」（略稱「楞嚴懺法」）二卷。如惺撰「得遇龍華修證儀」（略稱「龍華懺儀」）四卷。清代又有夏道人集「準提焚修悉地懺悔玄文」（「準提懺法」）一卷。失撰者名「消災延壽藥師懺法」三卷及「慈悲地藏菩薩懺法」三卷。繼僧撰「舍利懺法」、弘贊集「供諸天科儀」、建基錄「金剛經科儀寶卷」各一卷。智證錄「水懺法隨聞錄」三卷、西宗集注「水懺法科注」三卷等。

近世通行的懺法有「梁皇寶懺」、「慈悲水懺」、「大悲懺」、「藥師懺」、「淨土懺」、「地藏懺」等。

「梁皇懺」十卷，創始於梁武帝（通行金陵刻經處本作梁寶誌、寶唱等撰），現行本是經元代審訂改正流行的。相傳此懺創始於梁武帝，故稱「梁皇寶懺」（見「慈悲道場懺法序」、「釋氏稽古略」卷二）。後世滅罪消災濟度亡靈者，常延僧虔修此懺，是中國流傳最久的一部懺法。

「慈悲水懺」三卷，唐知玄述。知玄四川人，唐懿宗咸通四年（八六三）署爲悟達國師。初知玄在長安遇一異僧，患惡疾，人皆厭之；知玄侍候無倦色。後知玄將囘川，異僧感其風義，臨別告以向後有難，可往彭州茶隴山（亦名九隴山）相尋。中和三年（八八三），一珠隆起於左股，曰人面瘡。知玄求醫無效，忽憶往日異僧之語，遂至茶隴山相尋，果於山中見之，告以所苦。異僧命以岩泉濯之，瘡癒。知玄因依宗密「圓覺經修證儀」錄成名著「慈悲水懺」三卷，流行於世。

「千手千眼大悲心咒行法」一卷，略稱「大悲懺」，是根據「大悲咒」而作的一種懺法。宋知禮始集儀軌，由於觀音信仰的普遍，漸次流行於民間。清初南京寶華山見月讀體刪文重纂。這個懺法儀式簡略莊嚴，爲今日全國流行最廣的一種懺法。

「藥師三昧行法」一卷，略稱「藥師懺」，是根據「藥師如來本願功德經」而作的一種懺法。清初仁庵義禪師自揚州齋歸杭州顯寧寺，經天溪大覺寺受登刊定，以定名、勸修、方法、釋疑四項，釋此懺法，遂盛行於江南（受登「藥師三昧行法序」）。凡消災延壽之法事，多禮此懺。

「往生淨土懺願儀」一卷，略稱「淨土懺」，宋遵式撰，是採大本「無量壽經」及稱讚淨土諸大乘經而立的一種懺法。淨土信仰流行民間以後，此懺法通行很廣。

「慈悲地藏懺法」三卷，略稱「地藏懺」，失撰人。智旭撰「讃禮地菩薩懺願儀」加以補充。據智旭「懺願儀」後序說，是根據「大乘大集地藏十輪經」和「占察善惡業報經」、「地藏菩薩本願經」而製此儀法的。其儀式與「藥師懺」、「淨土懺」略同，是較晚出的懺法之一。凡報親恩祈父母冥福之法事，多禮此懺。

一四、盂蘭盆會

周叔迦

盂蘭盆會是漢語系佛教地區，根據「佛說盂蘭盆經」而於每年七月十五日舉行的超度歷代宗親的佛教儀式。經中說：目連以天眼通見其亡母生餓鬼道，受苦而不得救拔，因而馳往白佛。佛爲說救濟之法，就是於七月十五日衆僧自恣時，爲七世父母及現在父母在厄難中者，集百味飯食安盂蘭盆中，供養十方自恣僧。七世父母得離餓鬼之苦，生人、天中，享受福樂。這就是盂蘭盆會的緣起。此經是西晉竺法護譯的（但「出三藏記集」以爲失譯），全文八百餘字，與此經同本異譯的還有東晉失譯的「佛說報恩奉盆經」，又名「報象功德經」。其文字更短，約三百餘字。此外「開元釋教錄」卷十八「疑惑再詳錄」中有「淨土盂蘭盆經」一卷五紙。此經已佚。「法苑珠林」卷六十二引用其文，稱爲「大盆淨土經」，說十六國王聞佛說目連救母脫苦之事，各造種種寶盆以盛飲食，獻佛及僧事。

關於竺法護譯的「盂蘭盆經」有許多注解。現存的有唐慧淨「盂蘭盆經講述」一卷，唐宗密「盂蘭盆經疏」一卷，宋元照「盂蘭盆經疏新記」二卷，宋普觀「盂蘭盆經疏會古通今記」二卷，宋遇榮「盂蘭盆經疏孝衡鈔」二卷，宋日新「盂蘭盆經疏鈔餘義」一卷，明智旭「盂蘭盆經新疏」一卷，清靈耀「盂蘭盆經折中疏」一卷，清元奇「盂蘭盆經略疏」一卷。

「盂蘭盆經」的經題解釋有兩種說法：一說盂蘭是梵音，義爲倒懸；盆是華言，指盛食供僧的器皿。如唐慧淨「盂蘭盆經讚述」中說：「名餐香俎在於盆內，奉佛施僧以救倒懸之苦，故名盆也。」唐宗密「疏」云：「盂蘭是西域之語，此云倒懸；盆乃東夏之音，仍爲救器。若隨方俗，應曰救倒懸器。」明智旭「新疏」、清靈耀「折衷疏」，元奇「略疏」都用此說。第二說以爲盂蘭盆三字都是梵語音譯。慧琳「一切經音義」卷三十四云：「盂蘭盆，此言訛也。正言烏藍婆拏，此譯云：倒懸。案西國法，至於衆僧自恣之日，云先亡有罪，家復絕嗣，亦無人饗祭，則於鬼趣之中受倒懸之苦。佛令於三寶田中供具奉施佛僧，祐資彼先亡，以救先亡倒懸饑餓之苦。舊云：盂蘭盆是貯食之器者，此言誤也。」（今按經文前段亦無以食物安盆中之語）。宋遇榮「盂蘭盆經疏孝衡鈔」云：「經題者，梵語佛陀烏舍烏藍婆拏門佐羅素膽纜，華言：覺者說救倒懸器經。」「盂蘭盆者，即今大宋翻經者言，此皆梵語訛略也。具正應云『烏藍婆拏』，孝順義，供義，恩義，倒懸義。盆亦訛略，舊云：盆佐那。新云：門佐羅，亦云：門佐曩，華言救器。以義同文，名救倒懸器。」此是遇榮與當時譯經院譯師商榷所得的解釋。

至於依據「盂蘭盆經」而舉行儀式，創始於梁武帝蕭衍。「佛祖統紀」卷三十七云：大同四年（五三八）帝幸同泰寺，設盂蘭盆齋。義楚「釋氏六帖」四十五云：「『宏明』

云：梁武每於七月十五日普寺送盆供養，以車日送，繼目連等。」自此以後，成爲風俗，歷代帝王以及羣衆無不舉行，以報祖德。唐道世「法苑珠林」卷六十二「祭祠篇」云：「國家大寺，如長安西明、慈恩等寺，……每年送盆獻供種種雜物及輿盆音樂人等，並有送盆官人，來者非一。」又云：「外有施主獻盆獻供種種雜事。」可見唐時風俗對於盂蘭盆供是很重視的。此後就更盛大的舉行。「佛祖統紀」卷五十一云：「（唐）代宗（李豫）詔建盂蘭盆會，設七廟神座，迎神衢道。」（又見卷四十一大曆三年「七六八」條。）「德宗（李適）幸安國寺，設盂蘭盆供。」（又見卷四十一貞元十五年「七九九」條。）「釋氏通鑒」卷九亦有類似的記載，並云歲以爲常。宋贊寧「大宋僧史略」卷中「內道場」條中也記此事云，「造盂蘭盆，飾以金翠」。只是以前送盆往寺設供，至此改在宮內舉行，而供器更莊嚴了。民間對於盂蘭盆會也日見熱烈，如日本圓仁「入唐求法巡禮行記」卷四，會昌四年（八四四）條記云：「（長安）城中諸寺七月十五日供養，作花蠟、花餅、假花果樹等各競奇妙。常例皆於佛殿前鋪設供養。傾城巡寺隨喜，甚是盛會。今年諸寺鋪設供養勝於常年。」不僅在家士庶競修供養，出家僧侶也各出己財，造盆供佛及僧。如宗密「盂蘭盆經疏序」云：「年年僧自恣日，四事供養三尊，宗密依之崇修，已歷多載。」

到了宋代，這種風俗相沿不改。但是盂蘭盆供的富麗莊嚴和供佛及僧的意義減少而代之以薦亡的行事。在北宋時如宋孟元老「東京夢華錄」卷八「中元節」條所說：「印賣

『尊勝』、『目連經』。又以竹竿斫成三脚，高三、五尺。上織燈窩之狀，謂之盂蘭盆。掛搭衣服、冥錢在上，焚之，構肆樂人自過七夕，便搬目連經救母雜劇，直至十五日止。觀者倍增。」陸游「老學庵筆記」卷七亦云：「七月中旬，俗以望日具素饌享先。織竹作盆盎狀，貯紙錢，承以一竹。……謂之盂蘭盆。」宋高承「事物紀原」曾呵責其失云：「按盂蘭經曰：『目連母亡，生餓鬼中。佛言：須十方僧衆之力，至七月十五日具百味五果，以著盆中，供養十方大德。』後代廣爲華飾，乃至割木割竹，極工巧也。今人第以竹爲圓架，加其首以斫葉中貯雜饌。陳目連救母畫像，致之祭祀之所。失之遠甚矣。」但「事物紀原」尚無焚盆及掛冥紙之說，似尚是宋代早期風俗。及至南宋，如宋吳自牧「夢粱錄」卷四云：「七月十五日……僧寺於此日建盂蘭盆會，率施主錢米，與之薦亡。」

自後盂蘭盆會便成寺院中每年重要行事之一。元德輝重編「百丈清規」卷七「節臘章．月分須知」中云：「七月初旬，堂司預出盂蘭盆會諸寮看誦經單，預率衆財辦斛食供養。十三日散楞嚴會。十五日解制。當晚設盂蘭盆會，諷經施食。」元明本「幻住庵清規」云：「七月十五日解制人事。此夜分啓建盂蘭盆勝會以濟幽爽，以報劬勞。此會亦須預出經單，請大衆隨意披閱。此會有開甘露門一壇，請依而行之。」這就說明盂蘭盆會的主要內容在於諷經施食了。這種儀式一直流行到明代。明袾宏「正訛集」中曾加以辯正云：「世人以七月十五日施鬼神食爲盂蘭盆大齋之會，此訛也。蘭盆緣起目連，謂七月十五日，衆僧解夏自恣，九旬參學多得道者，此日修供，其福百倍，非施鬼神食也。施食自緣起阿難，不限七月十五。所用之器是摩竭國斛，亦非蘭盆。蓋一則上奉賢聖，一則下濟餓鬼，惡可得混？」清儀潤曾欲兩全其道，謂日獻蘭盆，恭敬三寶；夜施斛食，普渡鬼神。儀潤「百丈清規證義記」卷八中詳載「蘭盆儀軌摘要」，云全卷見「蘭盆會纂」中。其中有淨壇繞經、上蘭盆供、衆僧受食諸儀節，又附蘭盆會約二十一條。但是各寺院遵行者不多，在羣衆中仍多以薦亡度鬼爲盂蘭盆會的主要行事。

一五、焰口

周叔迦

焰口，係根據「救拔焰口餓鬼陀羅尼經」而舉行的一種佛事儀式。經中說：佛在迦毗羅城尼具律那僧伽藍，爲諸比丘並諸菩薩說法。爾時阿難獨居閒靜處習定。至夜三更，有一餓鬼，名曰焰口。於阿難前說：「却後三日汝命將盡，生餓鬼中。」阿難心大惶怖，疾至佛所，陳說此事，並乞示敎。時佛爲說無量威德自在光明殊勝妙力陀羅尼，謂誦之卽能免餓鬼苦，福壽增長。修此法時，於一切時，取一淨器，盛以淨水，置少飯麨及諸餅食等，右手按器，誦陀羅尼七遍，然後稱多寶、妙色身、廣博身、離怖畏四如來名號，取於食器，瀉淨地上，以作布施。若施婆羅門仙，卽誦此陀羅尼二七遍，投於淨流水中。若誦三七遍，奉獻三寶，則成上味奉獻供養。

此法的傳來，最初是唐武后時實叉難陀譯「救面然餓鬼陀羅尼神咒經」一卷和「甘露陀羅尼咒」一卷。面然就是焰口的異譯。其「救面然餓鬼陀羅尼神咒經」中所說眞言名變食眞言。「甘露陀羅尼咒」所說眞言名甘露眞言。謂取一掬水，咒之十遍，散於空中，卽成甘露。其後不空三藏譯出「救拔焰口餓鬼陀羅尼經」，與實叉難陀所譯同本。不空又譯出「瑜伽集要救阿難陀羅尼焰口儀軌經」、「瑜伽集要焰口施食起敎阿難陀緣由」（卽前

「儀軌經」前半起源分別行)、「施諸餓鬼飲食及水法」。日本所傳尙有唐跋馱木阿譯「施餓鬼甘露味大陀羅尼經」。不空譯「瑜伽集要救阿難陀羅尼儀軌經」中的行法次第是：一、破地獄眞言，二、召餓鬼眞言，三、召罪眞言，四、摧罪眞言，五、定業眞言，六、懺悔眞言，七、施甘露眞言，八、開咽喉眞言，九、七如來名，十、發菩提心眞言，十一、三昧耶戒眞言，十二、施食眞言，十三、乳海眞言，十四、普供養眞言，十五、奉送眞言。自此以後施餓鬼食便成爲修密法者每日必行的儀式。日本入唐求法諸家曾携回有關施食餓鬼的儀軌。空海著「秘藏記」中曾解釋施餓鬼法中五如來義。安然「八家秘錄」有「施餓鬼法」，列諸家將來經軌八部。但是在中國却由於唐末五代之亂，隨着密敎失傳而施食一法也失傳了。

宋代諸師對於施食一法是不夠了解的。在遵式「金園集」中有施食正名、施食法、施食文、施食觀想諸篇。其法並不是完整的密敎儀軌，只是取經中眞言，附以臺宗觀想而已。其施食正名中說：「今吳越諸寺多置別院，有題牓水陸者（中略），有題斛食者（中略），有題冥道者。」斛食是指焰口施食。冥道是唐代的冥道無遮大齋，也是密敎行法的一種。水陸是宋代興起的儀式。此三者在當時是混同着而無所區分的。宗曉有「施食通覽」一卷，首載「救面然餓鬼經」二譯，次錄「涅槃經」佛化曠野鬼神緣，「鼻奈耶雜事律」佛化鬼子母緣及「寶雲經」中比丘乞食分施鬼畜文，次集諸家關於施食及水陸齋會之文。其中有仁岳「施食須知」一篇，也以爲施曠野鬼神，施鬼子母救拔焰口餓鬼同是施食。「釋門正統」卷四「利生篇」也同此說。可見宋代諸家對於焰口施食曾企圖恢復而未得其道。

元代由於西藏喇嘛進入漢地，密教也隨之復興。藏經中有「瑜伽集要焰口施食儀」一卷，未注譯人。就其中眞言譯音所用字考之，應是元人所譯。其次第與不空譯「救阿難陀羅尼焰口儀軌經」相同，其前增有三歸、大輪明王咒、轉法輪菩薩咒、三十五佛、普賢行願偈、運心供養、三寶施食、入觀音定，然後方破地獄。而後增尊勝眞言、六趣偈、發願回向偈、吉祥偈、金剛薩埵百字明、十類孤魂文、三歸依讚。從此瑜伽施食之法得以復興。

明代，由於諸家傳承不一，各自以意增益，遂又形成雜亂。今所知者明代行法有「瑜伽焰口施食科儀」。其後天機禪師刪其繁蕪，成爲「修習瑜伽集要施食壇儀」。世簡稱爲「天機焰口」。天中靈操爲之注，名曰「修習瑜伽集要施食壇儀應門」二卷。其中唯召請孤魂文不同。蓮池祩宏大師，又因「天機壇儀」略加修訂，名曰「修設瑜伽集要施食壇儀」，略名「瑜伽集要施食儀軌」，並爲之注，名「施食補注」。清康熙三十二年（一六九三）寶華山釋德基又因祩宏本略加刪輯，名爲「瑜伽焰口施食集要」，世稱「華山焰口」。乾隆六年（一七四一）寶華山釋福聚又因之作「瑜伽施食儀觀」。此外又有康熙十四年（一六七五）釋寂暹著「瑜伽焰口注集纂要儀軌」。康熙二十二年刊「修習瑜伽集要施食儀軌」的跋文中說：「稟受師承不出一家，遂使流通經本大相徑庭。紛紜彼此，莫知適從。」清代佛寺流行的「焰口」，多爲「天機」和「華山」兩種。

附註說明：瑜伽焰口施食法，本來就是佛教密宗的一種行持修法。可惜，這種密法傳到中國之後，却被一些佛教（顯教）趕經懺諸師所利用，變成趕經懺佛事的一種法節。其修習者（即主座人），既未經正式「密宗」上師之傳承灌頂，却自稱是「金剛上師」，於無意中犯了僞作之過而不自知，實在令人悲愍！

普施焰口（餓鬼），功德無量，能使冥陽衆生，同霑利益，如此重大之密法，應當依照密宗之傳承灌頂，如法修學，才能夠得到相應成就。否則，猶如「逢場作戲」，不但無法利益冥陽衆生，反而招受不如法之罪。何苦來哉？

一六、法　器

瞿勝東

述曰：上古之世，有化而無教。化不足，而禮樂作焉。擊壤之歌，不如九成之奏，窪樽之飲，不若五齊之醇。固已，然文生於質，當思其本。吾天竺聖人，最初示化，謂人人妙覺，本無凡聖，物物全眞，寧有淨穢，無假修證，不涉功用。而昧者，茫然自失，有若聾瞽，於是隨機設教，擊犍椎以集衆，演之爲三藏，修之爲戒定慧，迄於四十九年，而化儀終矣。梵語犍椎，凡瓦木銅鐵之有聲者，若鐘磬鐃鼓，椎板螺唄。叢林至今，做其制而用之，於以警昏怠，肅教令，導幽滯，而和神人也。若夫大定常應，大用常寂，聞非有聞，覺亦非覺。以考以擊，元風載揚，無思無爲，化日自永。雍雍乎，仁壽之域，清泰之都矣！

1. 鐘

鐘有小、大、報之別。大鐘，叢林號令資始也。曉擊，則破長夜、警睡眠。暮鳴，則覺昏衢、疏冥昧。引杵宜緩，揚聲欲長。凡三通，緊緩各一十八椎，總一百零八下，起止三下稍緊，與大鼓、報鐘，互相照應。凡鳴鐘，先默誦願偈云：「願此鐘聲超法界，鐵圍幽暗悉皆聞；聞塵清淨證圓通，一切衆生成正覺。」誦竟，方執椎擊之。

證義曰：大鐘，晨昏每一百八者，即事顯理，由是百八愚癡，聲聲喚醒，百八三昧，椎椎打就。聲須緩長者：昔誌公借梁武道眼，見地獄苦相。問：「何以止之？」誌曰：「唯聞鐘聲，其苦暫息。」帝遂詔天下寺院，凡擊鐘，令舒徐其聲也。

鳴時念誦者：增一阿含經云：「若打時，願一切惡道諸苦，並皆停止。若聞鐘聲，兼說佛咒，得除五百億刼生死重罪。」

又金陵志云：民有暴死，至陰司，見五木縲械者告之曰：「吾南唐先主也，爲宋齊丘所誤殺，和州降卒千餘人致此，每聞鐘暫息吾苦。仗汝歸，白嗣君，爲吾造鐘。」民還，具聞後主，因造大鐘於清涼寺。鐫曰：「薦烈祖孝高皇帝，脫幽出厄。」

又雲棲崇行錄云：隋僧智興，居大莊嚴寺，執掌鐘頭。大業五年，同住僧三果者，有兄從駕道亡，其妻夢夫謂云：「吾至彭城病死，墮地獄中，賴莊嚴寺鳴鐘，響振地獄，乃得解脫。欲報其恩，可奉絹十疋。」妻奉絹，興以散衆。衆問：「扣鐘何以致感？」興曰：「吾扣鐘，始祝曰：『願諸聖賢，同入道場。』乃發三下。及長扣，又祝曰：『願諸惡趣，聞我鐘聲，俱離苦惱。』嚴冬極凍，皮裂肉皴，掌內凝血，無所辭勞。或以此故，能冥感獲所祝願耳！」

又鐘者，聚也，故凡集衆，須用之。

2. 磬

圓磬，念誦所鳴，維那主之。凡住持，或尊宿、仕宦、施護等禮佛，皆鳴三下。匾磬，石爲之，形似雲板，懸方丈廊外，有客見住持，知客鳴三下。又小手磬(俗呼引磬)，禮佛誦請，皆鳴之，爲起止之節。又有鐃鈸鐺鈴等，皆唱誦佛事所用，並宜和雅，勿亂爲準。分律云：「隨有瓦木銅鐵，鳴者，皆名犍地。」由此觀之，則凡取音齊衆者，皆是耳。至於上堂說法前之擊磬，謂之白椎（白椎時云：法筵龍象衆，當觀第一義）。說畢擊磬，謂之結椎（結椎時云：諦觀法王法，法王法如是）。昔世尊，一日陞座，大衆集定，文殊白椎云：「諦觀法王法，法王法如是。」世尊便下座，此卽結椎也。

3. 鼓

證義曰：金光明經，信相菩薩，夜夢金鼓，其狀殊大，其明普照，踰如日光。光中得見十方諸佛，衆寶樹下，坐琉璃座，百千眷屬圍繞，而爲說法。一人似婆羅門，以枹擊鼓，出大音聲，其聲出懺悔偈。信相菩薩，從夢寤已，至於佛所，以其夢中所見金鼓，及懺悔偈，向如來說云云。又楞嚴經云：阿難！汝更聽此祇園中，食辦擊鼓，衆集撞鐘，鐘鼓音聲，前後相續云云。可見從來，皆以音聲而作佛事也。

4. 數　珠

梵名鉢塞莫，是念三寶名時記其數之具也。牟黎曼陀咒經曰：「鉢塞莫，云數珠。」木槵子經曰：「佛告王（毘琉璃王）言：大王！若欲滅煩惱障報障者，當貫木槵子一百八以常自隨，若行、若坐、若臥，恆常至心無分散意，稱佛陀、達磨、僧伽名。乃過一槵子，如是漸次度木槵子。若十、若二十、若百、若千，乃至百千萬。若能滿二十萬遍，身心不亂，無諸諂曲者，得生第三焰天。（中略）若復能滿一百萬遍者，當得斷百八結業，始名背生死流趣向涅槃。」珠數之起原有數說，皆恐目比丘爲逐次數，布薩日所持之黑白三十珠起原也。

5. 數珠顆數

數珠功德經曰：「其數珠者，要當須滿一百八顆，如其難得，或爲五十四顆，或二十七顆，或十四顆，亦皆得用。」陀羅尼集經二曰：「其數皆滿一百八珠，或五十四，或四十二，或二十一，亦得中用。」金剛頂瑜伽念誦經曰：「念珠分別有四種，上品最勝及中下。一千八十以爲上，一百八珠爲最勝，五十四珠以爲中，二十七珠爲下類。」

文殊儀軌經數珠儀則品曰：「數珠不定，亦有三品，上品一百八，中品五十四，下品二十七。別有最上品，當用一千八十爲數。」依以上經軌之說，則有一千八十、一百八、五十四、四十二、二十七、二十一、十四之七種。其他有古來念佛宗襲用之三十六珠，與禪門所用之十八珠二種，總爲九種。

此珠顆之數目，各有表示：一千八十者，十界各有百八，成一千八十。一百八者，表百八煩惱，或百八尊、百八三昧，或本有之五十四位，與修生之五十四位。五十四者，表修生之五十四位。四十二者，表住、行、向、地、等、妙之四十二位。二十七者，表聲聞乘之二十七賢聖。二十一者，表本有之十地，與修生之十地及佛果。十四者，表仁王經所說之十四忍。卽住、行、向之三忍，與十地十忍與佛果之一忍。其三十六與十八者，只爲攜帶之便，三分百八爲三十六，又六分爲十八，非別有深義之所表。

6. 木　魚

有二種：一、爲團圓之魚鱗，讀誦叩之。二、爲挺直之魚形弔於庫堂，粥飯擊之，禪家呼曰梆。敕修清規法器章木魚曰：「相傳云：魚晝夜常醒，刻木象形擊之，所以警昏惰也。」今寺院木魚者，蓋古人不可以木朴擊之，故刻魚象也。又必取張華相魚之名，或取鯨魚一擊，蒲勞爲之大鳴也。」摭言曰：「有一白衣問天竺長老云：僧舍皆懸木魚，何也？答曰：用以警衆。白衣曰：必刻魚何因？長老不能答，以問悟卞師。師曰：魚晝夜未嘗合目，亦欲修行者晝夜忘寐，以至於道。」按此言召集僧侶等所用者。

7. 拄　杖

拄，身之杖也。毗奈耶雜事六曰：「佛在王舍城鷲峯山頂，有老苾芻登山，上下脚趺倒地。佛言：應蓄拄杖。聞佛許已，六衆卽便以金銀等，並雜彩物彫飾其杖。俗旅見已，共生嫌賤。苾芻白佛，佛言：苾芻有二種緣應蓄拄杖，一謂老瘦無力，二謂病苦嬰身。時有苾芻佯作老病而拄其杖，時諸苾芻以緣白佛。佛言：若實老病，應從僧伽乞蓄杖羯磨。」拄字作柱者誤。

8. 拂　子

拂蟲之具也，許用線拂、羊毛拂、樹皮拂等。禁用貓牛尾、馬尾等類。毗奈耶雜事六曰：「緣在廣嚴城，獼猴池側，高閣堂中，時諸苾芻爲蚊蟲所食，身體蟲癢，爬搔不息。俗人見時問言：聖者何故如是？以事具答。彼言：聖者何故不持拂蚊子物？答言：世尊不許。乃以緣白佛，佛言：我今聽諸苾芻蓄拂蚊子物。是時，六衆聞佛聽已，便以衆寶作柄，用犛牛尾而爲其拂。俗人旣見，廣說如前……。佛言：有其五種袪蚊子物。一、撚羊毛作。二、用麻作。三、用細裂氎布。四、用故破物。五、用樹枝梢。若用寶物，得惡作罪。」

9.雲　版

版形鑄爲雲形，故謂之雲版。爲報時而打者。又云大版，掛於庫司之前。象器箋十八曰：「雲章曰：版形鑄作雲樣，故云雲版。俗事老云：宋太祖以鼓多驚寢，易以鐵磬，此更鼓之變也。或謂之鉦，卽今雲版也。」

10鉢多羅

波多羅、波呾囉、鉢呾羅、播呾囉、鉢和羅、鉢和蘭。略云「鉢」。比丘六物之一，飯器也。有泥、鐵之二種，譯曰「應器」，又曰「應量器」，以體、色、量三者，皆應法故也。又以賢聖應受人之供養者用之也。玄應音義十四曰：「鉢多羅，又云波多羅，此云薄，謂治厚物令薄而作此器也。」寄歸傳二曰：「波呾囉，鉢也。」玄應音義十三曰：「鉢和羅飯，獨證身誓經云：鉢和蘭，亦梵言輕重耳。此譯云『自恣食』也。」

盂蘭盆經宗密疏曰：「鉢和羅飯者，鉢中飯也。梵云鉢多羅，此云應器，和字誤也。今時，但云「鉢」者略也。」六物圖曰：「二釋名者：梵云鉢多羅，此名應器。有云體、量、色三，皆應法故。若準章服儀云：堪受供者用之，名應器。故知鉢是梵言，此方語簡省下二字。三明體者：大要有二，泥及鐵也。五分律中用木鉢，犯偷蘭遮。僧祇云：是外道標故，又受垢膩故。」

國家圖書館出版品預行編目資料

佛教的儀軌制度／佛教編譯館編著. -- 初版. --
新北市：華夏出版有限公司, 2022.09
面； 公分. --（Sunny 文庫；152）
ISBN 978-986-5541-92-7（平裝）
1.佛教儀注

224 110008097

Sunny 文庫 152
佛教的儀軌制度

編 著	佛教編譯館
印 刷	百通科技股份有限公司 電話：02-86926066 傳真：02-86926016
出 版	華夏出版有限公司 220 新北市板橋區縣民大道 3 段 93 巷 30 弄 25 號 1 樓 電話：02-32343788 傳真：02-22234544
E-mail：	pftwsdom@ms7.hinet.net
劃撥帳號	19508658 水星文化事業出版社
總 經 銷	貿騰發賣股份有限公司 新北市 235 中和區立德街 136 號 6 樓 電話：02-82275988 傳真：02-82275989 網址：www.namode.com
版 次	2022 年 9 月初版一刷
特 價	新台幣 220 元（缺頁或破損的書，請寄回更換）

ISBN-13：978-986-5541-92-7

《佛教的儀軌制度》由佛教書局授權華夏出版有限公司出版